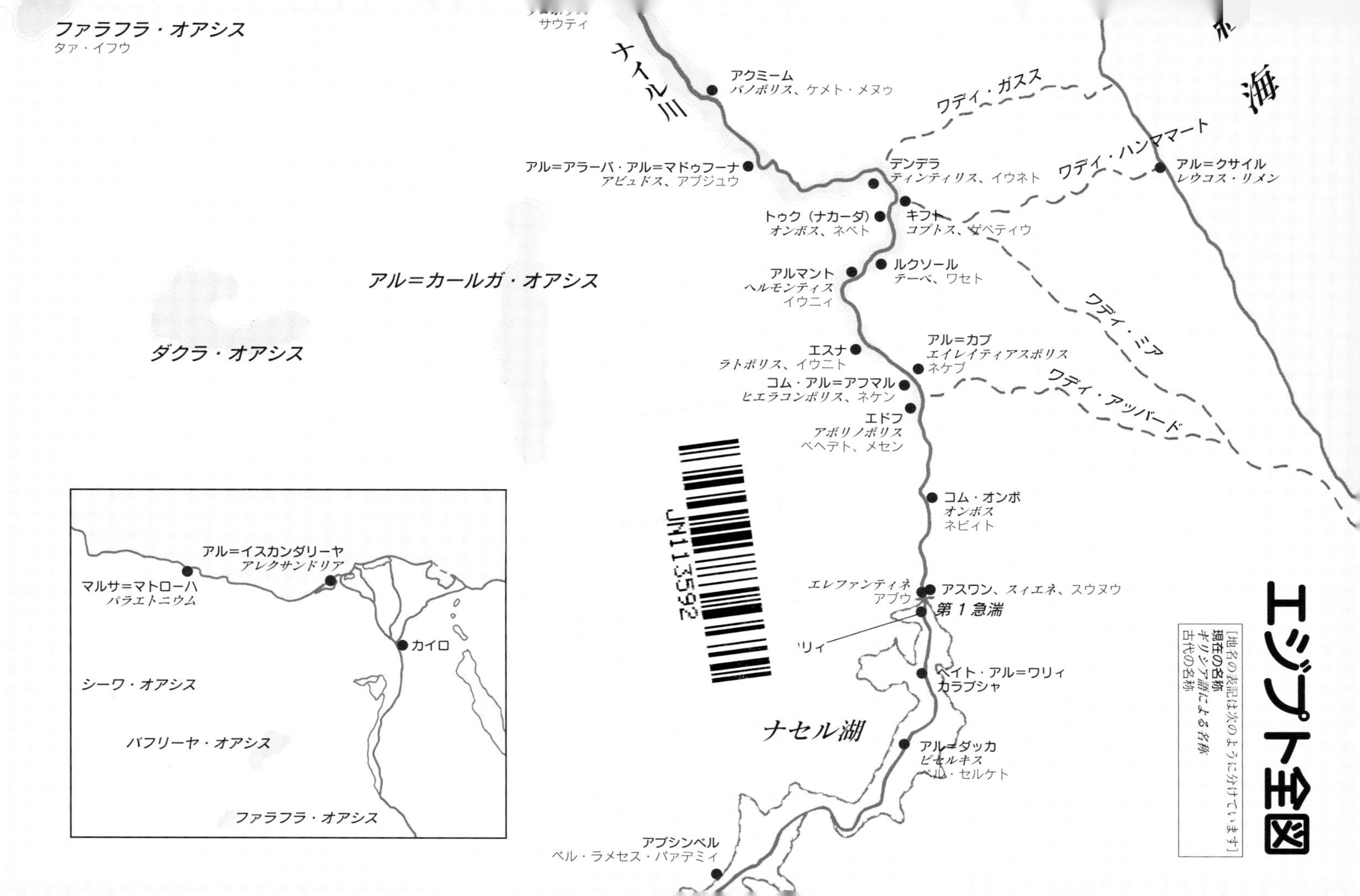

エジプト全図
[地名の表記は次のように分けています]
現在の名称
ギリシア語による名称
古代の名称
ファラフラ・オアシス
タァ・イフウ
サウティ
ナイル川
アクミーム
パノポリス、ケメト・メヌウ
ワディ・ガスス
海
ワディ・ハンママート
アル=クサイル
レウコス・リメン
アル=アラーバ・アル=マドゥフーナ
アビュドス、アブジュウ
デンデラ
ティンティリス、イウネト
トゥク（ナカーダ）
オンボス、ネベト
キフト
コプトス、ゲベティウ
アルマント
ヘルモンティス
イウニィ
ルクソール
テーベ、ワセト
アル=カールガ・オアシス
ワディ・ミア
ダクラ・オアシス
エスナ
ラトポリス、イウニト
アル=カブ
エイレイティアスポリス
ネケブ
コム・アル=アフマル
ヒエラコンポリス、ネケン
ワディ・アッバード
エドフ
アポリノポリス
ベヘデト、メセン
コム・オンボ
オンボス
ネビイト
エレファンティネ
アブウ
アスワン、スィエネ、スウヌウ
第1急湍
ベイト・アル=ワリィ
カラブシャ
ナセル湖
アル=ダッカ
ピセルキス
ペル・セルケト
アブシンベル
ペル・ラメセス・パアデミィ
アル=イスカンダリーヤ
アレクサンドリア
マルサ=マトローハ
パラエトニウム
カイロ
シーワ・オアシス
バフリーヤ・オアシス
ファラフラ・オアシス
JN113592

図説　古代エジプト誌

神々と旅する冥界 来世へ

《後編》

王家の谷の壁画

アム・ドゥアト、太陽神ラーの讃歌
暗号文の冥界の書、天の牝牛の書
門の書、洞窟の書、大地の書
ヌゥトの書、昼の書と夜の書 他

文・写真
松本　弥

弥呂久

もくじ

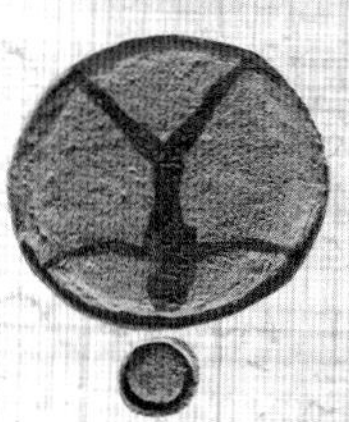

［左］ハトシェプスト女王葬祭殿のすぐうしろに王家の谷が営まれました

ラメセス９世王墓の不可解な冥界の図

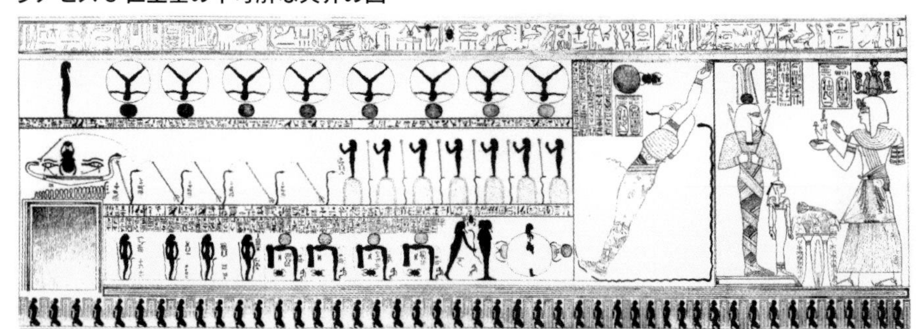

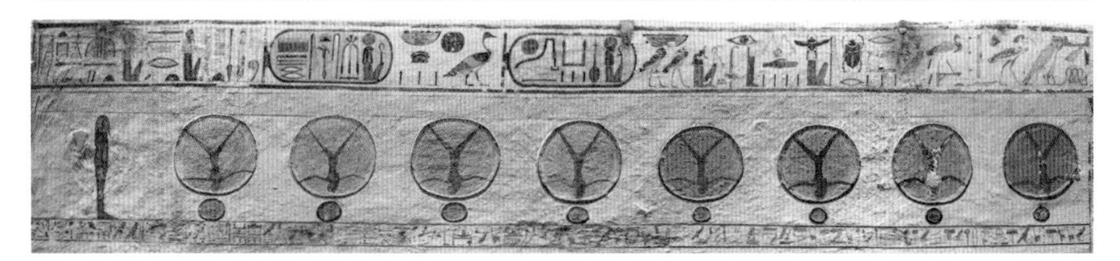

プタハ神

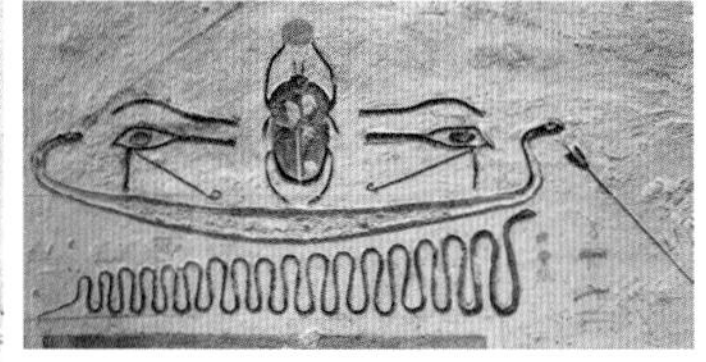

冥界を進太陽神の舟
再生した姿のオシリス神
（類似：前編 128 ページ）

—第3章—

王家の谷の壁画

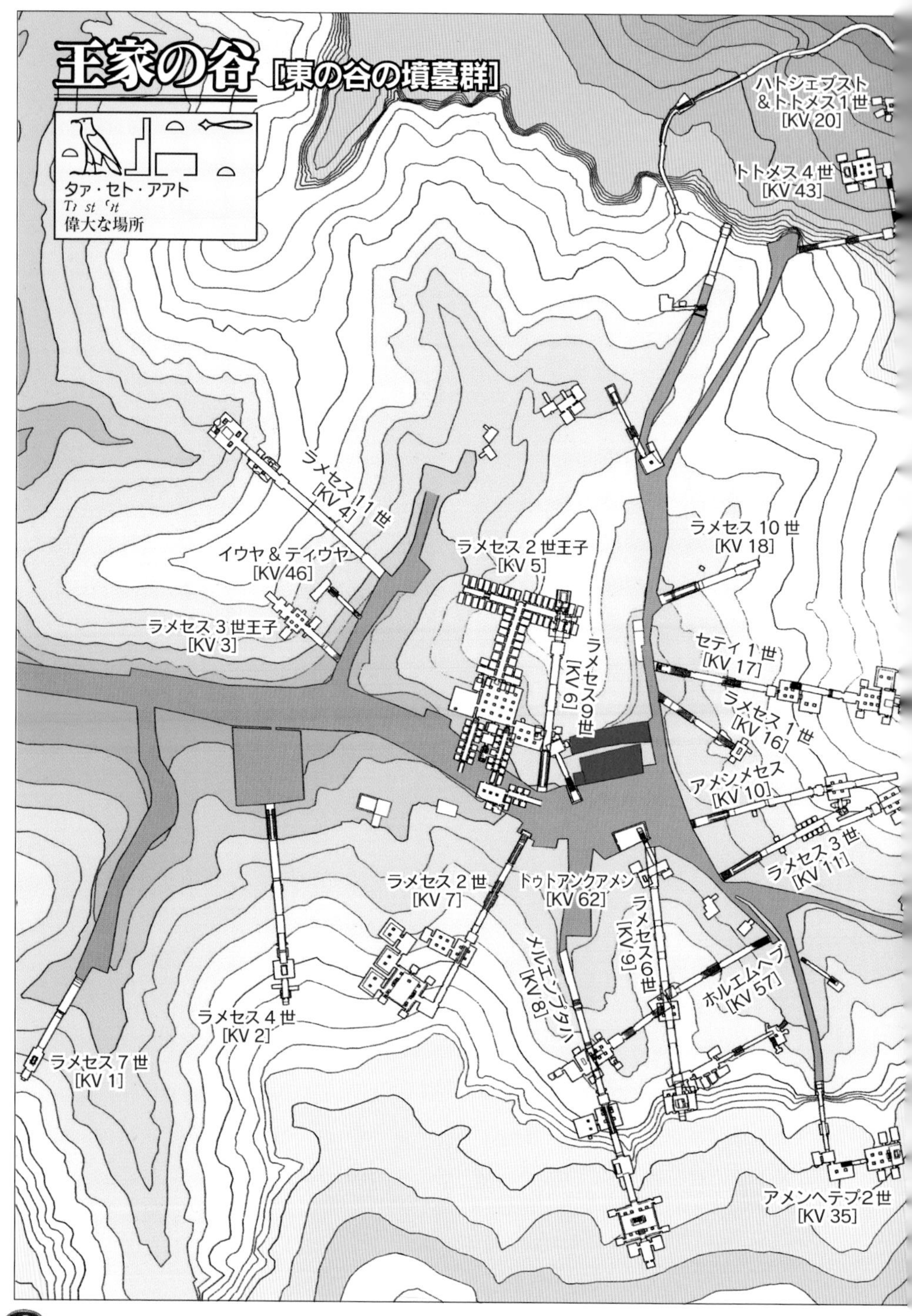
王家の谷 [東の谷の墳墓群]
タァ・セト・アアト
Tꜣ st ꜥꜣt
偉大な場所
ハトシェプスト & トトメス 1 世 [KV 20]
トトメス 4 世 [KV 43]
ラメセス 11 世 [KV 4]
イウヤ & ティウヤ [KV 46]
ラメセス 3 世王子 [KV 3]
ラメセス 2 世王子 [KV 5]
ラメセス 9 世 [KV 6]
ラメセス 10 世 [KV 18]
セティ 1 世 [KV 17]
ラメセス 1 世 [KV 16]
アメンメセス [KV 10]
ラメセス 3 世 [KV 11]
ラメセス 2 世 [KV 7]
トゥトアンクアメン [KV 62]
ラメセス 6 世 [KV 9]
メルエンプタハ [KV 8]
ホルエムヘブ [KV 57]
ラメセス 4 世 [KV 2]
ラメセス 7 世 [KV 1]
アメンヘテプ 2 世 [KV 35]

イアベト（東）
レスィ（南）
メフティ（北）
アメント（西）
下の写真の撮影位置
労働者の野営地
トトメス３世
[KV 34]
シプタハ
[KV 47]
セティ２世
[KV 15]
トトメス１世
[KV 20]
タアウセレト＆
セトナクト
[KV 14]
※ KV ＋数字は遺跡番号

王家の谷

王家の谷は、3550年ほど前、新王国時代第18王朝（前1550年ごろ）から第20王朝（前1000年ごろ）までの王、王族が葬られた墓地です。

ワセト（ルクソール）のナイル東岸、日の出側の地から望むと日の沈むナイル西岸のもっとも高くそびえる赤い岩山の麓に設けられました。ルクソールが小さな地方都市だった古王国時代から、西岸の岩山は墓地として利用されており、前2000年ごろ、中王国時代に国家を統一した第11王朝のメンチュヘテプ2世が特徴的な葬祭墳墓を設けていたので、新王国時代の王もその慣習を受け継いだのでしょう。

中王国時代が衰退するとエジプトは、はじめて異民族支配（異民族集団：ヒクソス）の時代を迎えます。この混乱期は第2中間期と区分されています。

前1550年ごろ、ワセトの王イアフメス（アハメス）がヒクソスの駆逐に成功しました。後継者のアメンヘテプ1世からは、あらたに第18王朝と区分され、新王国時代がはじまったのです。統一国家としての体制の建て直しがはかられ、そのひとつとして王の永遠の家である墓地の準備もはじめられたのでした。

エジプトの王の墓は古王国時代や中王国時代のピラミッドに代表されるように王の威厳を示すもののひとつでした。しかし新しい時代の墓地は、死者を供養する施設と多くの副葬品である宝物を収める埋葬施設とは切り離し

て、盗掘の被害を避けることが考えられたのでした。王の権力の象徴のひとつとして建てられていたピラミッドでは盗掘の被害を防ぎきれなかったことを経験から学んだからでした。

上の写真からもわかるように、王家の谷へは曲がりくねったワディ（涸れ

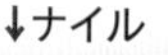

王家の谷、北側からの景観
河岸段丘からナイル河岸に向かって、にわかに降る雨がワディを形成しています。写真は中王国時代から天文観測所として利用されていた通称「トトの丘」から撮影しています。
ここに駐在していた神官たちは、ルクソールのナイル西岸でピラミッドをイメージさせる特徴的な**アル＝クルン**（左の写真）のふもとにワディが及んでいたことを知っていたのでしょう。

川）を進んで行きますが、終着点に設けられた墓地はナイル東岸から見える屏風のようにそびえる岩壁のすぐ後ろに回り込んだところだったのです。

ですからハトシェプスト女王の葬祭殿をはじめ、西岸の沙漠の縁に設けられた王の葬祭殿では、岩の壁一枚向こうに墳墓があり、そこで供養の儀式をおこなうというものだったのです。この位置関係を知っていた当時の人びとには、葬祭施設と王墓の間の距離感はそれほどでもなかったのでしょう。

もうひとつは、王家の谷で見る聖山アル＝クルンの形です。古王国時代から王墓の象徴とされてきたピラミッドを想起させてくれ、その麓に墓室を設けることは、太陽光線の降り注ぐ形のもとに葬られるという伝統を守り続ける意味でも満足できる場所だったのでしょう。古代には、この山はタァ・デヘネト「神の住む山」とよばれていました。

アメンヘテプ1世は、まず、その王墓で働く職人達の村（デイル・アル＝マディーナ）を設けました。しかし、イアフメスの墓もアメンヘテプ1世の墓も、今日まで王家の谷でもルクソール西岸の他の地からも発見されていま

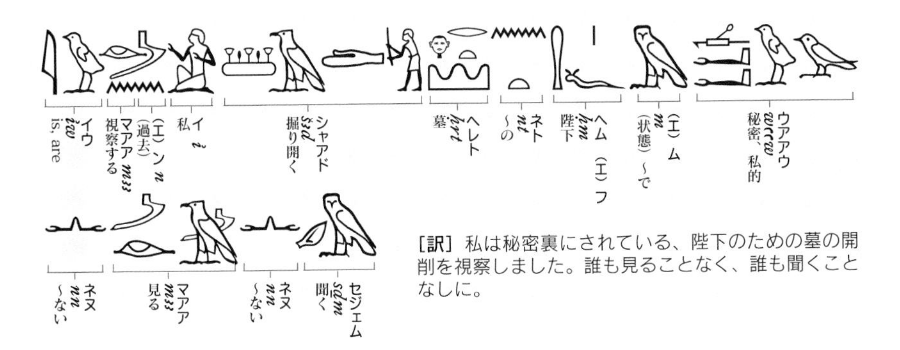

[訳] 私は秘密裏にされている、陛下のための墓の開削を視察しました。誰も見ることなく、誰も聞くことなしに。

せん。これらの墓は、ドゥラー・アブ・アル＝ナジャア地区から発見されるのではと考えられていますが、職人の村創設などの事業を考えると、アメンヘテプ1世の王墓については王家の谷にあるのではないかとも考えられています。ちなみにイアフメスはオシリス神の聖地アビュドスに空墓を築いています。

現在のところ、王家の谷においてもっとも古いものはトトメス1世とハトシェプスト女王のものです。そのトトメス1世の王墓の造営にたずさわった建築家イネニが、自身の墓の記録にそのことを上記のように残しています。そこには、王墓の造営が秘密裏におこなわれたことが記されています。

ただ、このあと王墓の造営が続くうちに王家の谷のことが公然の秘密になってしまったことはさけられませんでした。副葬品の多くが発見されたトゥトアンクアメン王の墓でも、完成後、間もなく盗掘の被害に遭っているのです。

王墓の特徴

6、7ページに王家の谷、東の谷の王墓の平面図を紹介しています。それぞれの王墓は入口から玄室に向かうにつれて、しだいに深くなっていくということでは同じなのですが、2つとして同じ構造の墓はありません。真っ直ぐに地下に伸びているもの、途中で曲がっているものなどさまざまです。基本的に、王墓の通路は、太陽神が夜の間に進む冥界のイメージで、そこに描かれた壁画は、古代の人びとが想い描いていた冥界のあり方でした。

ここで、被葬者の明らかな墓の構造を年代順(右ページの表)に見てみましょう。

これからわかることは、第18王朝の初期のものは、トトメス3世王墓(KV34)のように、途中で左に曲がっていて、玄室は楕円状になっています。それが、トトメス3世の息子のアメンヘテプ2世王墓では玄室が矩形になり、宗教改革を試みたアクエンアテンの時代には中断しますが、そのアクエンアテンの墓はアマルナにあって、入口から玄室までが直線の構造になりました。そして、ふたたび王家の谷で本格的に王墓が造営されるようになると、アマルナのように入口から玄室まで、中継する列柱室などが直線上に並ぶようになります。

その直線上のものでも、初期のホルエムヘブ王墓（KV57)、セティ1世王墓（KV17）では、途中の列柱室で軸線が少しだけ左にずれています。これが特徴です。そしてメルエンプタハ王墓以降は、入口から玄室まで、通廊が一直線になる構造となります。しかしなかには、ラメセス3世王墓のように、アメンメセスの墓にぶつかってしまい、軸線を大きくずらさざるをえなかった例外もあります。

装飾の特徴

王家の谷を訪れる方のほとんどが、もっとも有名なファラオ、トゥトアンクアメン王墓（KV62）を訪れます。トゥトアンクアメンと神々が対面してい

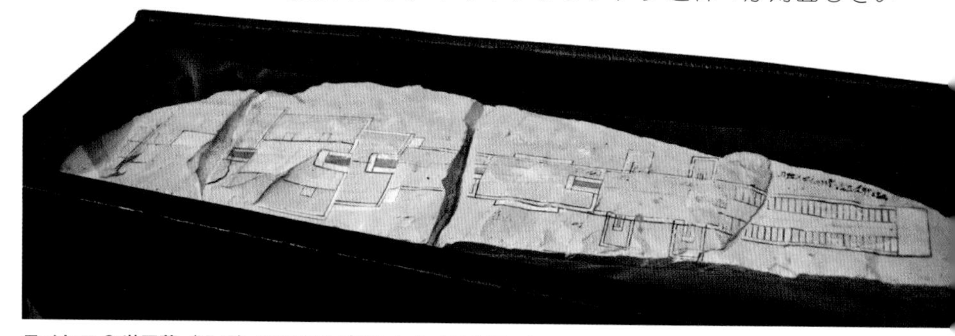

ラメセス9世王墓（KV6）の平面図が描かれたオストラコン
王墓が完成したあとに記されたもののようです。大きな石灰岩片（約83.5×14 cm）がもちいられています。新王国時代第20王朝　前1100年頃　カイロ・エジプト博物館［CG 25184］

王朝	王墓（年代順） ※［ ］内の数字は遺跡番号 ＼ 主な来世のための書 ※（ ）内の数字は本書内のページ	アム・ドゥアト（16）	太陽神ラーの讃歌（40）	門の書（54）	死者の書（前編67）	洞窟の書（78）	昼の書・夜の書（110）	ヌウト（天）の書（106）	大地の書（94）
前1505年頃 ↑	トトメス１世［KV38］	●							
	ハトシェプスト［KV20］	●							
第	トトメス３世［KV34］	●	●						
18	アメンヘテプ２世［KV35］	●							
王	トトメス４世［KV43］								
朝	アメンヘテプ３世［WV22］	●							
	トゥトアンクアメン［KV62］	●							
↓	アイ［WV23］	●			●				
↑	ホルエムヘブ［KV57］			●					
	ラメセス１世［KV16］			●	●				
第	セティ１世［KV17］	●	●	●					
19	ラメセス２世［KV7］	●	●	●	●	●		●	●
王	メルエンプタハ［KV8］	●	●	●	●	●		●	●
朝	アメンメセス［KV10］		●						
	セティ２世［KV15］	●	●	●					
↓	サプタハ（シプタハ）［KV47］	●	●		●				
↑	タァウセレト、セトネケト［KV14］	●		●	●	●			●
	ラメセス３世［KV11］	●	●	●				●	●
第	ラメセス４世［KV2］	●	●	●	●	●	●	●	●
20	ラメセス５世、ラメセス６世［KV9］	●		●	●	●	●	●	●
王	ラメセス７世［KV1］			●		●			●
朝	ラメセス９世［KV6］	●	●	●	●	●	●	●	●
	ラメセス10世［KV18］								
↓ 前1070年頃	ラメセス11世［KV4］								

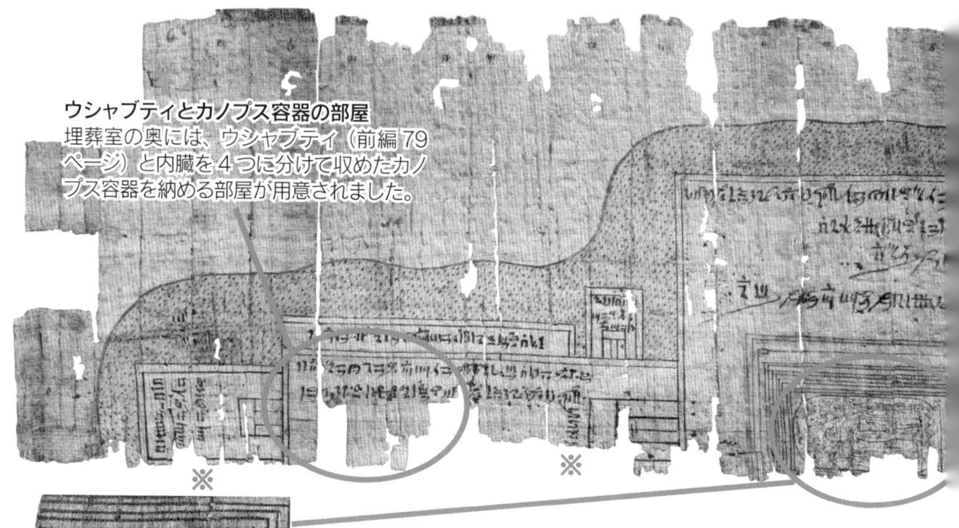

ウシャブティとカノプス容器の部屋
埋葬室の奥には、ウシャブティ（前編 79 ページ）と内臓を 4 つに分けて収めたカノプス容器を納める部屋が用意されました。

ラメセス 4 世王墓の平面図が書かれたパピルス
王墓の造営に従事していた人たちの村、デイル・アル＝マディーナのナクトアメンの墓から発見されました。彼は書記でした。図面には、右から左への横書きで、それぞれの部屋などの大きさが古代の尺度（キュービット尺）で書き込まれています。その数字は右側の入口から埋葬室の手前までは実際の王墓のものとほぼ合っていますが、埋葬室から奥は図面の数字のほうが大きなものになっています。
新王国時代第 20 王朝　前 1150 年頃　トリノ、エジプト博物館［C.1885］

［左］ミイラを納めた石棺
石棺は上から見たように描かれ、それは他の王墓と同じく王名枠（カルトゥーシュ）の形だったことがわかります。表面にはイシス女神（右）とネフティス女神（左）に守護された王の姿が彫られていたのでしょう。またピンク色に彩色されていることから、赤色花崗岩が利用されていたこともわかります。石棺のまわりにはいくつか厨子が重ねられていた表現にもなっています。

る場面、葬列の場面など、ごくわずかな壁画を見るのですが、これは王墓のなかでも、もっとも簡略な構造で王家の谷では例外です。

ほとんどの王墓には、容易に理解できない、異様な姿の神々や人物、魔物などが連綿とあらわされています。とはいえ、これら難解な王墓の絵も、多くが組み合わせ方が異なるだけで、決まった題材のものが多いのです。

初期の王墓にあらわされたのが、「アム・ドゥアト（の書）」とよばれるもので、日没後の太陽がどのように冥界（＝夜）を進んで復活するかを描いたものでした。王は太陽神とともにある、あるいは太陽そのものと考えられて

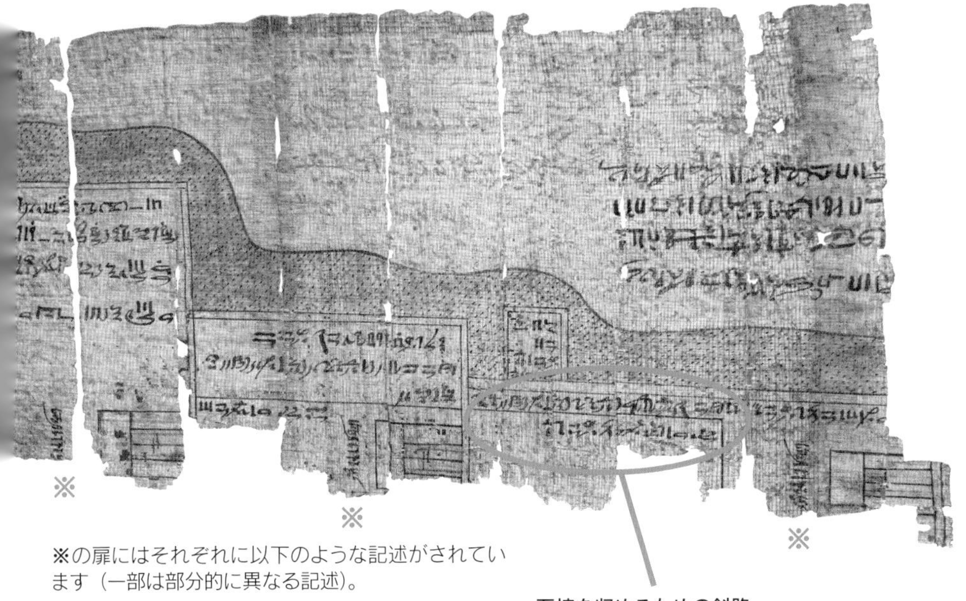

※の扉にはそれぞれに以下のような記述がされています（一部は部分的に異なる記述）。

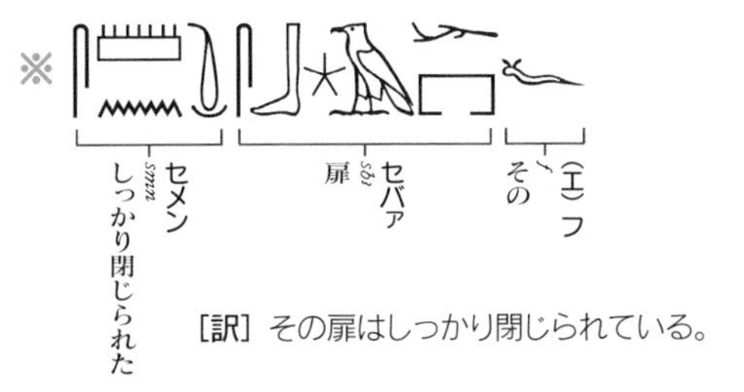

［訳］その扉はしっかり閉じられている。

石棺を収めるための斜路
失われている右側の部分から埋葬室にかけては、石棺をすべり降ろすための斜路でした。4つ目の区画は長さが25キュービット、幅6キュービット、高さ9キュービット6パームと書かれ、壁の浮き彫りと彩色を施して完成したと記されています。
1キュービット＝約52.5cm
1パーム＝約7.5cm

いたようです。

その後、第19王朝には「門の書」「洞窟の書」など、太陽の冥界の旅は、ミイラとの関係からオシリス神や冥界にある大地の神などの役割が重要視されるようになり、冥界のイメージも形を変えました。そして第20王朝になると、地下の冥界だけでなく天を移動する太陽の重要性が強調され、墓の内部全体で宇宙観まであらわされるようになっていきました。

こうした表現はほとんどが王家の谷でしか見られないもので、私人墓のものとは明らかに区別されていたのでした。

主な王墓について、そこにどのような題材のものがあらわされているのかを整理した表（13ページ）を参照してください。

アム・ドゥアト [冥界にあるもの（の書）]

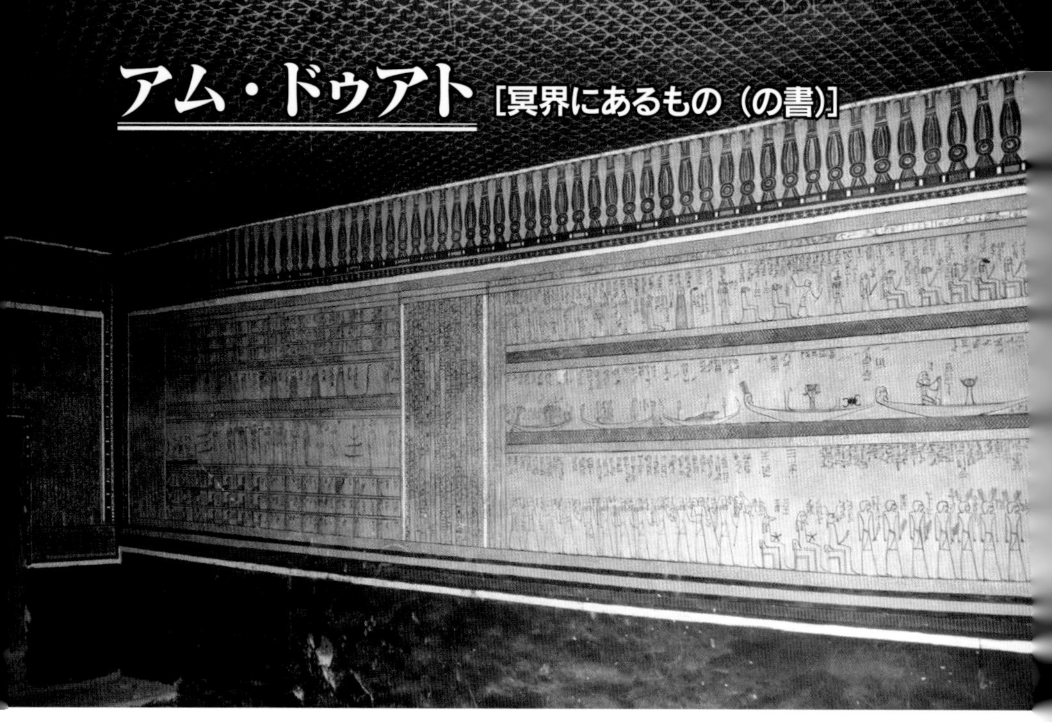

アメンヘテプ２世王墓のアム・ドゥアト
左奥が第１時間目、右が第２時間目です。星空の天井で夜の世界をあらわしています。

ドゥアトは　または　などとも表記されています。

ヒエログリフでイミィ（ト）・ドゥアト、冥界にあるもの（の書）と名づけられていた葬祭文書です。一般的にタァ　メジャト「～の書」は省略されて「アム・ドゥアト Amduat」とよばれています。

トトメス１世王墓のものが古いとされていますが、これはハトシェプストが父を再埋葬するときに用意したとされているので、現段階では彼女の時代にあらわされはじめたと考えられます（原案がいつ頃かは不明）。

完全な形ではトトメス３世王墓、彼の宰相を務めていたウセルアメン（TT131）の墓（王墓以外では現段階で唯一）から発見されたものがあります。

その内容は、太陽神ラーが西の地平線に沈み、翌日、東の地平線に現れる

までの道程が12の時間に分けられ、太陽神ラーの言動、冥界にある者たちとその働きについて描かれています。はじめて日毎の太陽の軌道に王を結びつけた宗教文書です。それぞれの時間に太陽神の旅を助ける神々や、反対に妨げようとする魔物、怪物がいます。その時間を無事に通過するため手段は、多くが、それらの名前を知ることであり、そのものの名前を唱えたり、命じることで次の段階へと進むことができるとされています。

この題材が施されるようになった当初は、12の時間のすべてが描かれましたが、トゥトアンクアメンやアイの王墓が第1時間目の一部だけだったように、抜粋される例、ホルエムヘブなどのようにまったく描かれなかった例もあります。

第3中間期第21王朝になるとパピルスの巻物(神話パピルス)でアム・ドゥアトが書かれるようになり、神官たちがそれを利用しはじめると、以降、プトレマイオス朝時代にかけて役人など私人にも広まっていきました。

アム・ドゥアトに登場する神々、魔物のカタログ
冥界を通過する間に出会うこれらの神々、魔物の741の名前と姿が一覧表になっています。冥界を無事に通過するには、まずこれらの名前を知っておく必要がありました。　**トトメス3世王墓**

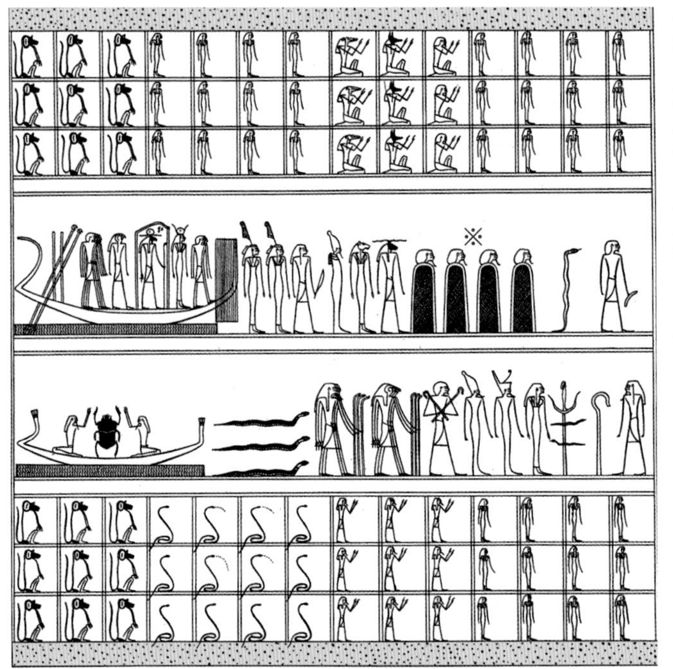

ー第1時間目ー

2段目で、羊頭のバァ(魂)の姿をした太陽神が、最初の冥界の地へ入るところからはじまります。太陽神の舟の前に秩序、正義、真理をつかさどる女神マアトが2度あらわれています。これはのちの2時間目もマアトが支配していることをあらわしています。

3段目の聖船で太陽神は早くも復活する朝の姿、スカラベで描かれています。つまり、この冥界の旅が無事に終えることが約束されている安心感も表現したのでしょう。スカラベは両側から復活をつかさどるオシリスに崇拝されています。

上部と下部の天のマントヒヒと時間の女神たち、ほかの神々は、さまざまな場における喜びをあらわしていると考えられています。

2段目右側の4つの人間の頭部のある擬人化されたステラ※は神の支配力を暗示し、彼の指令を通して来世の住人のすべてと必要な意思疎通をおこなっていることが表現されていると思われます。

セティ1世王墓

［アム・ドゥアトの線画］Erik Hornung “The Ancient Egyptian Books of the Afterlife”, 1999より

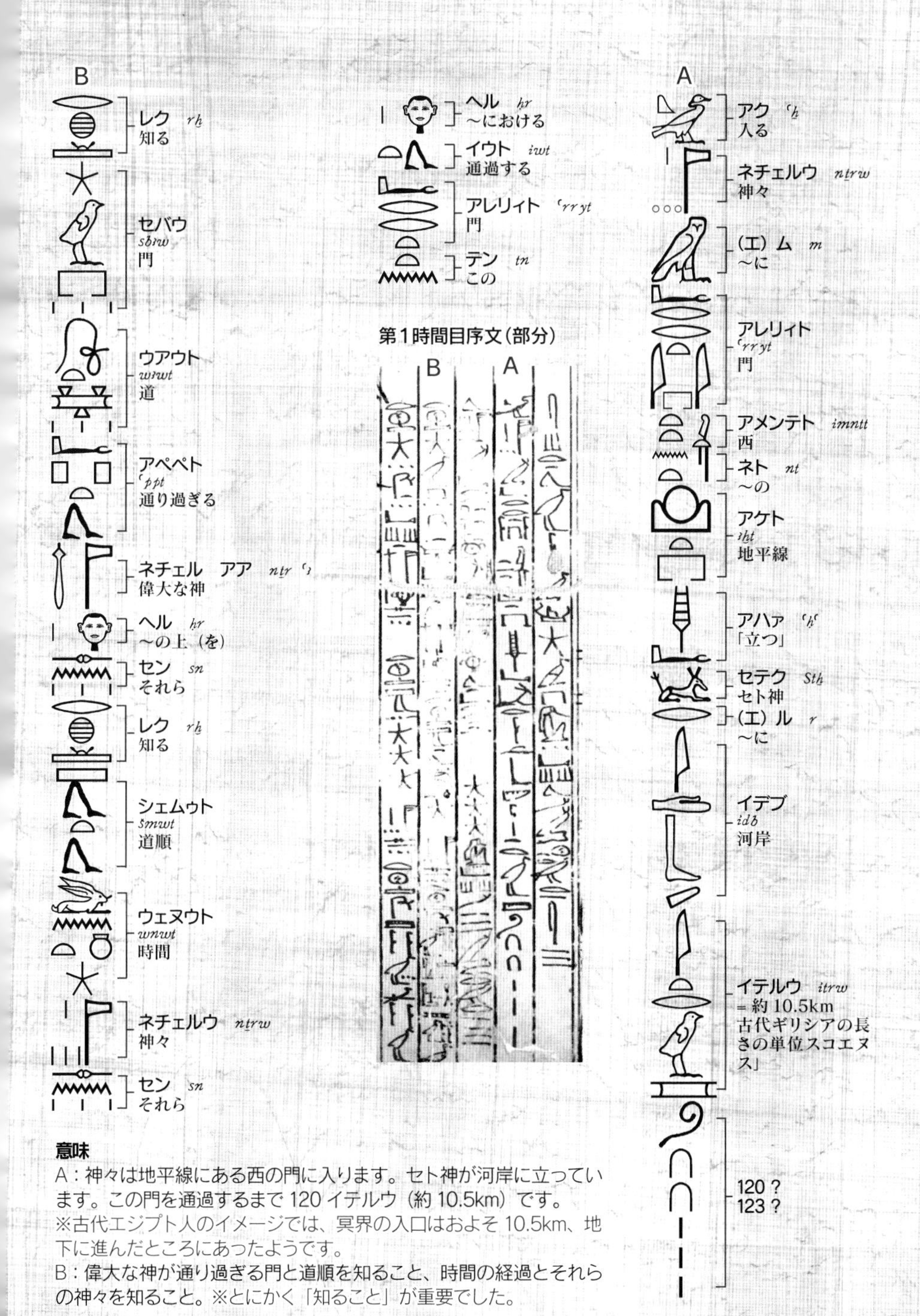

意味

A：神々は地平線にある西の門に入ります。セト神が河岸に立っています。この門を通過するまで 120 イテルウ（約 10.5km）です。
※古代エジプト人のイメージでは、冥界の入口はおよそ 10.5km、地下に進んだところにあったようです。
B：偉大な神が通り過ぎる門と道順を知ること、時間の経過とそれらの神々を知ること。※とにかく「知ること」が重要でした。

ー第２時間目ー

いよいよ冥界のはじまりです。第2時間目には、ラー神の乗った舟はウェルネスとよばれる水面を進みます。第3時間目には、その水は「オシリスの水」とよばれました。それぞれの時間で水が満ちた広大な場所が描かれています。太陽の舟は、この時間だけにしかもちいない特別な舟をともなっています。神は陸地を慈悲が与えられた故人の場所としており、そこでの彼らは稲穂を手に持ったり、髪に差したりした姿で描かれています。彼らはウェルネスの農夫であり、彼らが欲する物、必要とする物がテーマになっています。

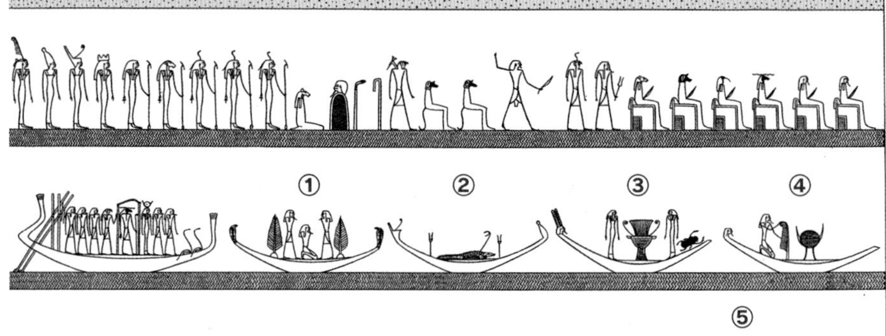

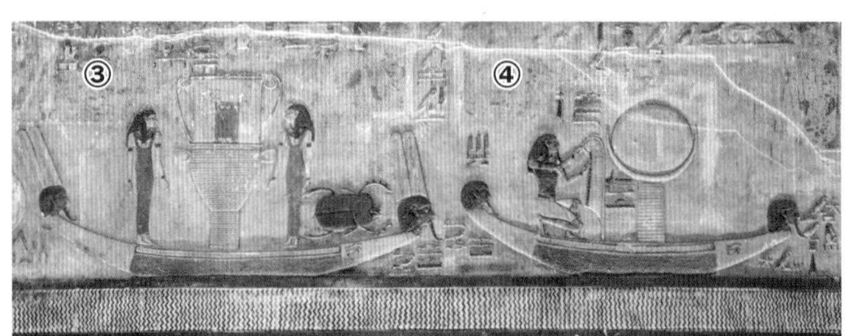

[右] ハトホル女神の象徴である祀堂型のシストルムと2女神、スカラベが乗る舟は、船尾、船首に2枚の大きな羽根飾りの冠をかぶった人頭があります。
先頭の舟には三日月と満月を組み合わせた月、マアト女神の象徴（ダチョウの羽根）を支える男が乗っています。

[下] 船首と船尾にコブラの飾りがあり、ムギの穂と腕のない男女が乗る舟、白冠と赤冠のある船首と船尾の舟には2本のセケム杖とワニが乗っています。

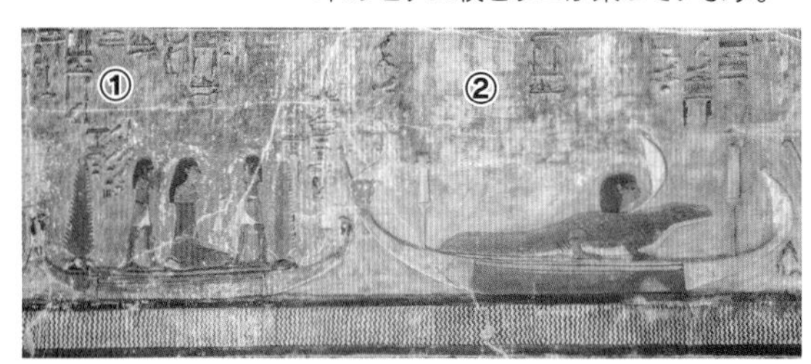

ムギの穂を持つ男、髪に差す男

セティ1世王墓

ー第３時間目ー
上段にはさまざまな神が並んでいます。
中段は、左端が羊頭の太陽神の舟、その前の３艘の舟は太陽神の変化するイメージが乗っています。
下段ではオシリスが白冠、赤冠の姿で何度かあらわれています。
この時間を締めくくる文書ではラーが振り向いてオシリスと直接顔を合わせると書かれています。また、ナイフですべての敵を無害なものへと変えていくものたちと出会うともされています。

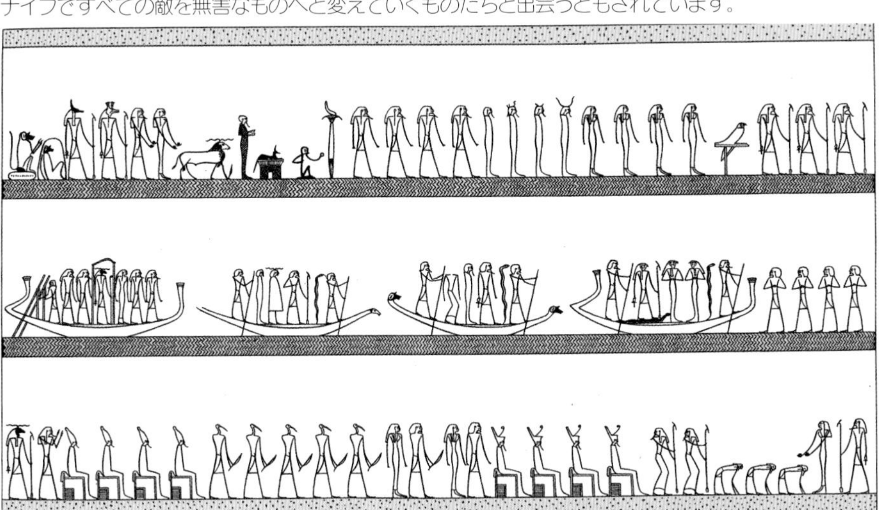

［右上段］左端にはマントヒヒが礼拝の姿勢で砂に座り、その前にミイラ化されたマントヒヒが厨子に納められています。ヤマイヌ頭の神、ワニ頭の神の前の男女は太陽神の瞳を持っています。

［右下段］羊頭のバァの姿の太陽神ラーが舟に乗って進むようすがあらわされています。その前は、船首、船尾に牝ライオンの飾りがあり、セド祭（王位更新祭）の衣装を着て、ヒツジの角をつけた人物があらわされています。

［下］ナイルの増水をつかさどるクヌム神があらわれ、冥界にも肥沃な環境をもたらせます。白冠をかぶった姿の４種のオシリス、ナイフを持ったトキ（鳥）頭の神があらわされています。

セティ１世王墓

ー第４時間目ー

豊かな水で肥えていた地域は第3時間目で終わります。第4時間目からはロセタァウ（ラァ·セチャウ）、「墓地の守護神ソカルの土地、彼の砂の上にあるもの」の沙漠が広がります。そこは足と翼をもつ奇怪なへビたちがうごめく世界なのです。

炎で埋め尽くされたジグザグの道にはいくつかの扉があり、それらに阻まれながらもこの時間を進んでいくのです。それまで水上を進んできた聖船は、この時間では綱で牽かれるようになります。また、聖船そのものも船首、船尾が大蛇になり、この難所を切り抜けられるよう炎の息を吐きながら進むようになります。この暗く恐怖をおぼえる時間の真ん中で、クロトキ頭の神とハヤブサ頭の神がウジャトの眼を守護し、癒しの術をおこなっています。この時間の最後では唐突に有翼日輪に迎えられます。

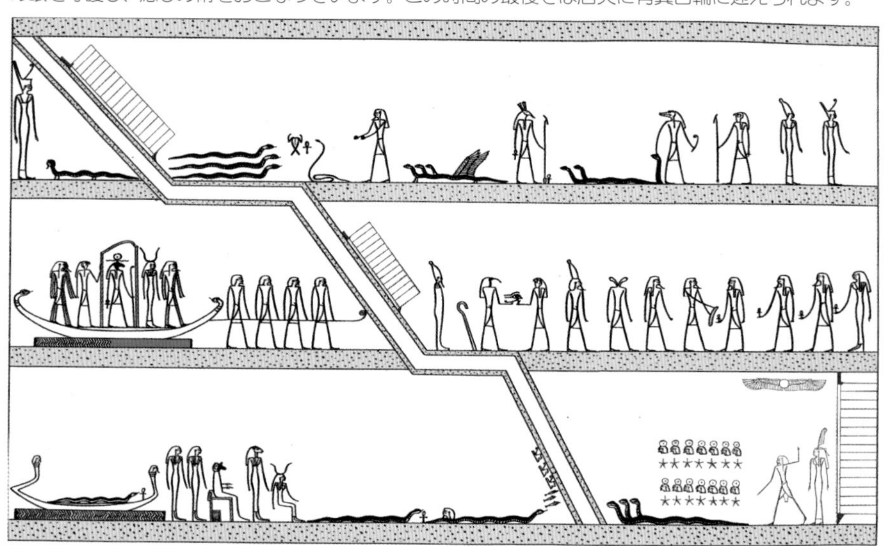

ラメセス６世王墓

［上］ヘビに変身したセルケト女神（サソリ）が、ロセタァウ（ラァ・セチャウ）への道を見張っています。

［上］３つの頭に翼、足をもつヘビは近づきがたい場所にすむ偉大な神です。
その下でクロトキ頭の神とハヤブサ頭の神が持っているのは、ソカル神のウジャトの眼とされています。暗闇で脅かされる眼に癒しの術を施しています。

［上］墓域（イメヘト）を守護するヘビを乗せたパピルスの舟が秘密の道にあります。船首と船尾には人の頭がのっています。

［写真］ラメセス６世王墓

［右］道程の最後で手をあげる反対向きの男性（天にあるもの）と、マアト女神が立っています。太陽、人頭、星が 14 組も並べられています。有翼日輪はケプリ（スカラベ）が誕生するまで、ここで光を与えるのです。

ー第５時間目ー

12の時間に分けられたアム・ドゥアトの描写のなかで、特徴的な区割りがなされています。この時間に古代エジプト人がイメージしていた冥界の本質があらわされていると考えられています。
水の表現もありますが、これは穀物のためのものではなく、溺死する人があること（第10時間目）を暗示するものです。
上段の中央にはオシリスの砂山の塚が描かれています。塚の上には「闇､夜」を意味する文字（右）が、左右には嘆き悲しむイシスとネフティスのようすが２羽の鳥としてあらわされています。そしてこの塚の下から太陽神が日の出の姿であるスカラベがあらわれています。
この時間では聖船を襲う邪悪なものはないものの、中央の狭い道を進まねばなりません。その聖船の綱を塚からあらわれたスカラベが脚を伸ばして牽いています。
さらに聖船はソカル神の洞窟を象徴する楕円形の中へと進みます（この楕円はライオン姿のアケルに挟まれている）。このソカル神はオシリス神と同一視されており、ここで太陽神とオシリスが再会、統合されるのです。
これは同じく来世全体の縮図の一つともいえ、ここで夜間に行われる謎めいたオシリス（ここではソカルと同一視されている）と太陽神の再会（統合）の起こる場所です。より深い場所では、邪悪な敵を焼き尽くす炎の池が処罰の場として描かれています。

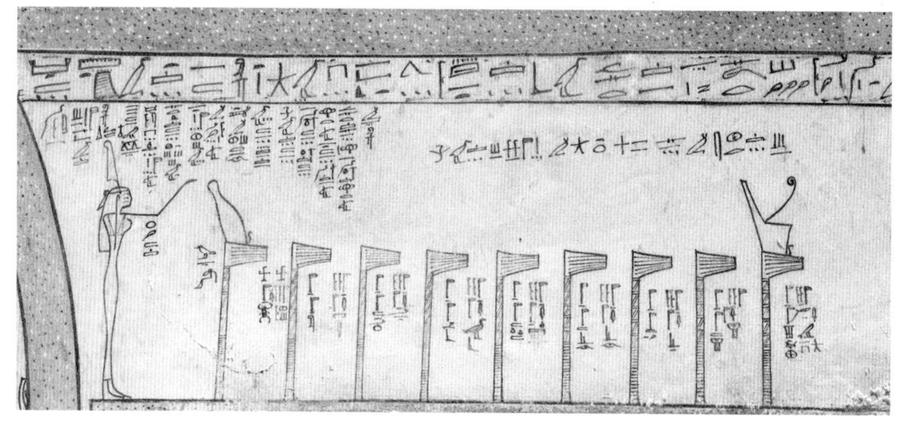

トトメス３世王墓

[上] スカラベのなかには、西洋ナシの形の糞玉（梨玉）を作るものがいます。丸めて転がしていった糞玉に卵を産むと、卵を産んだところが出っ張り、西洋ナシのようになるのです。卵からかえった幼虫は糞玉をえさにして成虫になるまで育ちます。塚からスカラベがあらわれるようすは、この虫の生態を観察していたからではないでしょうか。
このラメセス６世王墓の塚のようすは、実際の糞玉の断面をあらわしているように見えます。
ラメセス６世王墓

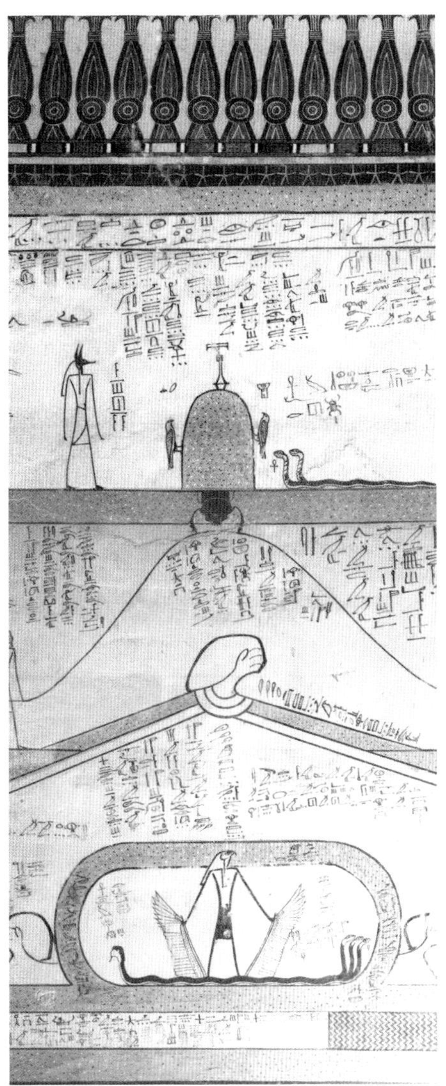

[左] 若返り、再生の力が満ちた水にあるという女神がこの時間のはじまりです。その女神に、南の神ケプリ、大気の神シュウ、湿気の神テフネト、大地の神ゲブ、天の女神ヌウト、冥界の王オシリス、オシリスの妻イシス、オシリスの妹ネフティス、冥界における北の神ホルスが続きます。
右の文字が神を象徴するもので、右側に名前が記されています。

[写真] トトメス３世王墓

[下] この扉から左の扉までの間がソカルの土地です。はじまりに、太陽神の敵を完全に焼き尽くす炎の象徴として、火を灯した頭が４つ並んでいます。「4」という数は四方から囲むというイメージで「完全に」「ぬかりなく」と強調するものです。

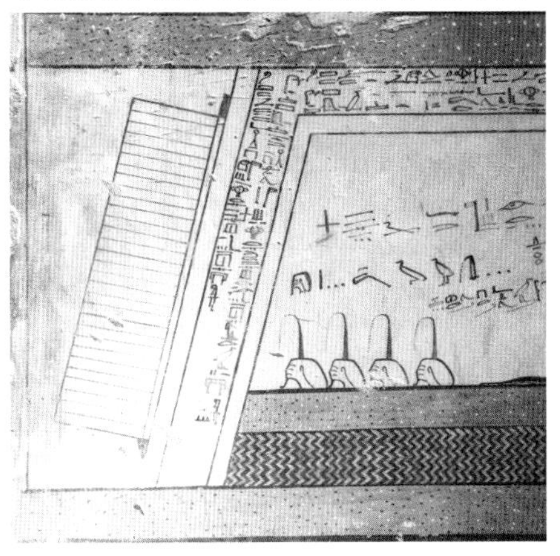

ー第６時間目ー

ソカルの沙漠の時間が終り、冥界のもっとも深い場所へと進んで行きます。このとき、原初の水で満たされた穴に太陽神の舟が到着するのです。①

同じ２段目の終わりでは、太陽の遺体が横たわり、バァ（魂）と一体になります。それゆえ遺体はミイラの姿ではなく、頭上に太陽の朝の姿であるスカラベをいただいています。②

もうひとつ、太陽神は上段で「何千もの声を持つ牡牛」と呼ばれる雄ライオンの姿③でも表現されています。バァ（魂）、遺体である太陽神、オシリスが夜（冥界）の最深部でひとつになり、再生に向かうことが暗示されているのです。

この大きな節目の時間では、ウラエウス（コブラ）、白冠、赤冠を備えたヘカ（王権）の杖④が描かれ、上下エジプト王のことが強調されています。これらはエジプト王としての再生復活をあらわしています。

２段目の聖船の前にはマントヒヒの姿のジェフティ（トト）神⑤が腰掛けています。神はその前に立つ女神が背後に隠し持つ太陽神の瞳を癒し、新たな光をともす術をおこないます⑥。

下段は、原初の水の主人であるソベク（左端）とヌン（右端）がつかさどり、９本の火を吐くヘビの杖⑦のひとつとして大地と地底の深みの主人であるタァチェネンがここに登場します。中央の太陽神に仕えるヘビの胴からホルスの４人の息子が現れようとしています⑧。

真夜中にあたるこの時間に太陽は新しく輝きはじめるのですが、その光は邪悪なものの危険を呼び寄せることにもなります。次の７時間目からは大蛇アアペプ（アポピス）があらわれます。

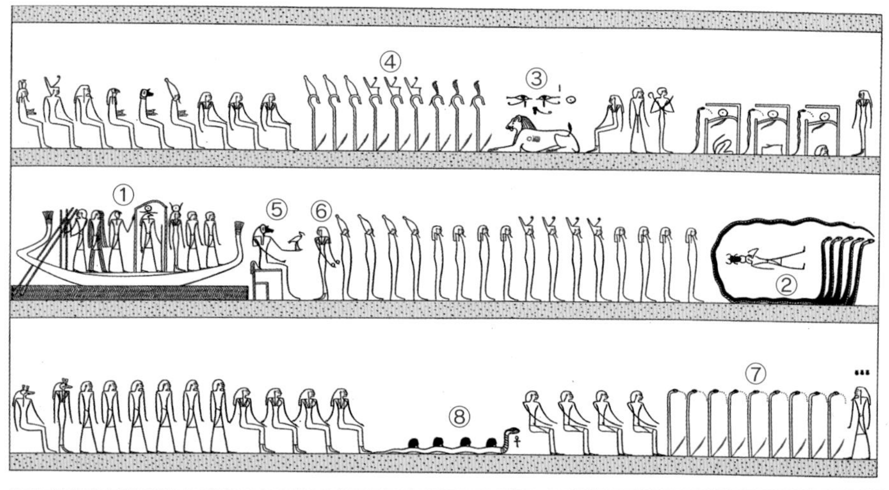

セティ１世王墓

[右〜下] 右の写真、下の写真で、この時間の２段をあらわしています。
太陽神の舟の前で玉座に腰掛けるマントヒヒ姿のジェフティ（トト）神の前には、もうひとつのジェフティ神の象徴であるクロトキの姿も描かれています。
太陽円盤とナイフが収められた箱は、邪悪なものを焼き殺すヘビと女神が守っています。
ラメセス６世王墓

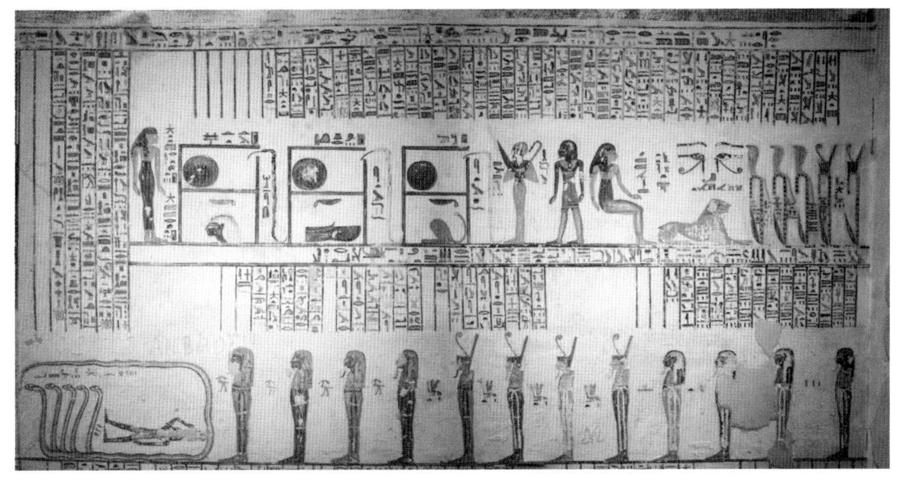

[右] 杖のように立つヘビのもとには敵を斬り殺すためのナイフも備えられています。さらに口から火を吐くようすもあらわされています。
杖には、左からホルス、オシリス、ゲブ、シュウ、ケプリの神の名前が添えられています。ほかには、タァチェネン、ヌン、アトゥム、ヘテピィ（供物の神）、ウェピィウ（審判の神）の名前もあります。
セティ１世王墓

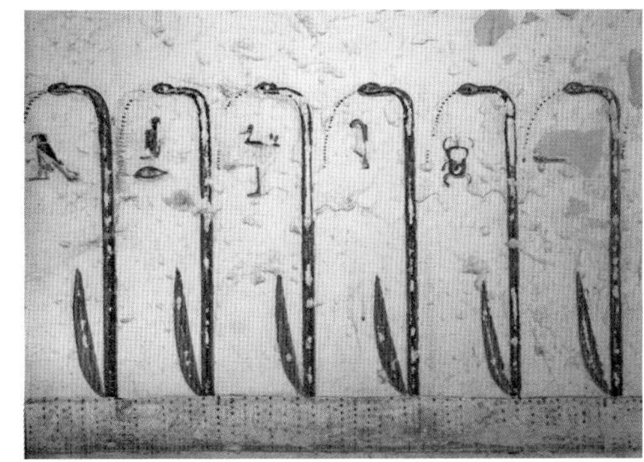

ー第７時間目ー

新生した太陽神の乗った聖船の行く手に大蛇アアペプ（アポピス）があらわれ、邪魔をします。アアペプは砂浜（沙漠）に横たわり、新生した光が先に進めないようにしようとしていますが、これが成功することは決してありません。

日毎、アアペプはイシスとセトに魔法をかけられ、さらにセルケトによってその身体に拘束具をかけられ（ナイフを突き立てられ①）、別の（セルケトの）助手によって不具にされるのです。

大きな変化は、この時間から太陽神を守護するため、舟の祀堂がヘビの神メヘン②になっていることです。上段では、メヘンに守られたオシリスの前で、オシリスの敵がネコ頭の、またはネコの耳を持った鬼のような神に縛られ、首を切り落とされています③。

3 羽の王冠をかぶった人頭の鳥バァ（魂）、大蛇に腰掛けるアトゥム神の姿も見られます④。

4 つの箱は太陽神の遺体が収められており、それぞれナイフで守られているようすも見られます⑤。

下段では、太陽神は「冥界のホルス」として玉座についていて、擬人化してあらわされている星々にそれぞれの軌道を指示しています。

最後の場面は、オシリスが埋められたため、彼の頭部が出ている大地があり、そこに居るワニが水の中に漂っている切り刻まれ、捨てられた神の遺体を出し、集めます⑥。

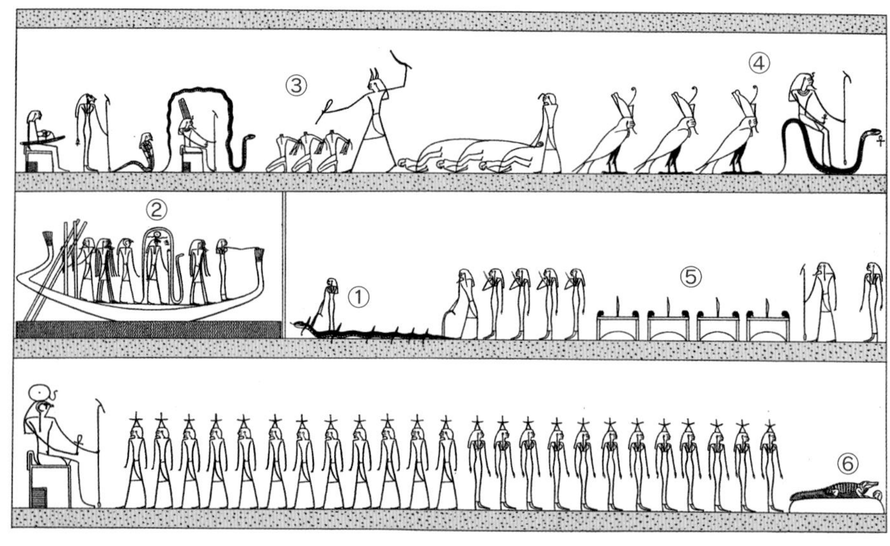

セティ１世王墓

[右] 右の土盛りには「オシリスの頭」、ワニには「冥界のワニ」との記述があります。
本来は危険な動物のワニを味方につけることで、冥界での大きな助力としています。
ラメセス６世王墓

ー第８時間目ー

上下の段はそれぞれ扉によって5つの洞窟（地下室）に分けられています。その扉は太陽神が命令することで開くことになっているのです。この洞窟にいる多くの神々が「布、織物」を意味するメンケトの文字（右）に腰かけた姿であらわされています。添え書きによれば、これらの布は彼らの衣類となるとあります。

この時間のテーマは衣類の供給です。これは来世で満たしたい物資の中でも最優先されているものでした。また、神々や死者たちのバァがこれらの洞窟（地下室）から喜色満面に返答するともされています。ただし、このときの喜びの声は神にとっては明快な言葉に聞こえるのですが、人間の耳には動物の鳴き声や自然の音（金属のぶつかる音や水音など）にしか聞こえないのです。これが来世における音響のゆがみという現象です。

中央の段では、男たちが最終的な目的地へ向かって聖船を綱で牽いていきます。次に擬人化されたシェメス（随行者）の文字（右）があらわされ、神の権威と「従者」の両方があらわされています。そしてタァチェネン神の4頭の羊（新王国時代の終わりには4つの頭の太陽の羊の姿になる）も登場します。

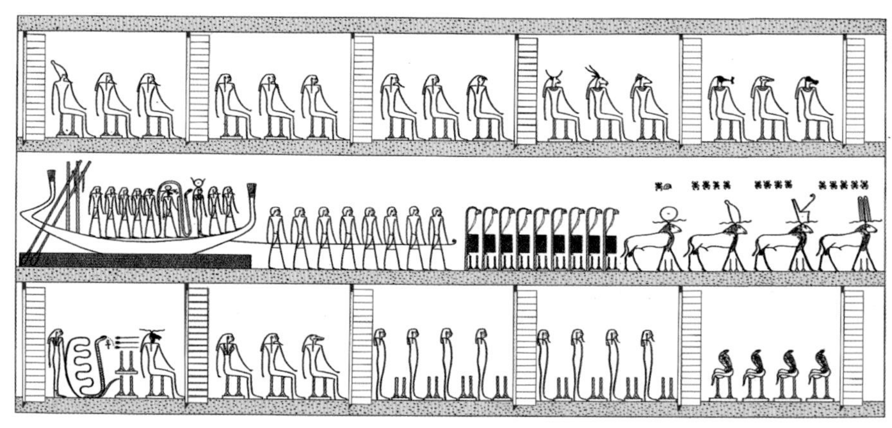

セティ１世王墓

［左］随行者シェメスとメンケトの文字

［右］守護のヘビ、メヘンと武器も備えられています。

ラメセス６世王墓

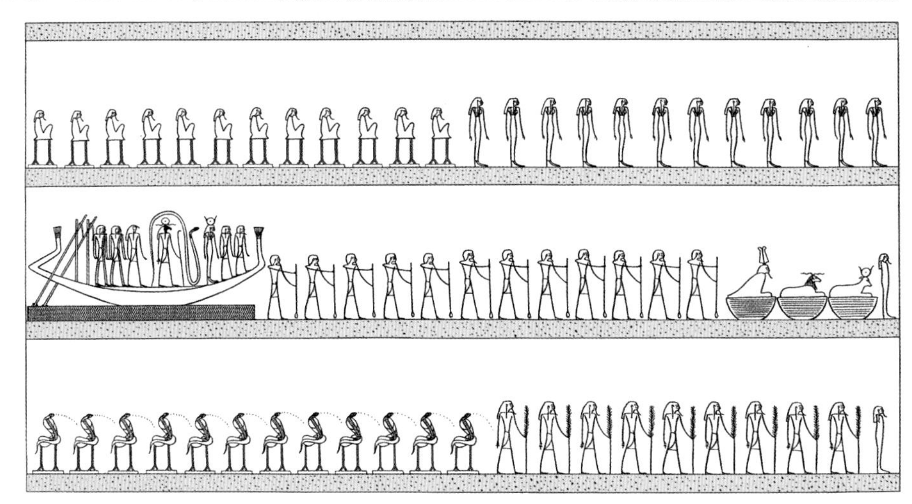

ー第９時間目ー

太陽神の舟の乗組員に注目があてられています。中段の中央に、彼らは手にパドルを持った姿であらわされています。その先には故人への物質の供給にかかわる3つの聖なる像も描かれています。
上下の列は8時間目から続き､衣類の供給を保証しています。上段のメンケト(布､織物)に座る神々は「オシリスの敵を倒す陪審員」としてあらわされています。続く女神たちはオシリスの世話をする任にありますが､敵を撃退する力も持っています。下段の12のウラエウス(コブラ)も敵を討つもの､それに続く9柱の「野の神々」はムギの穂（またはナツメヤシの葉）を持ち、死者への穀物の供給を保証しています。右端にはこの時間を守護するミイラの姿があります。

［右］大きなかごに神聖な飾りのふたがされています。２枚の大きな羽をいただいた神、ヤギ、太陽円盤をいただくウシです。
その下の男たちが持っている杖は、上の線画とは違っています。
セティ１世王墓

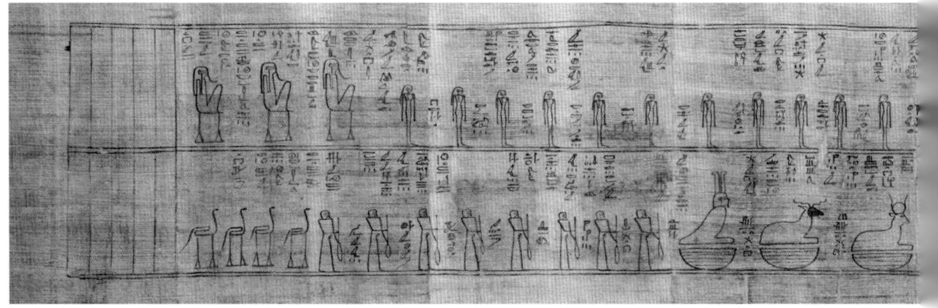

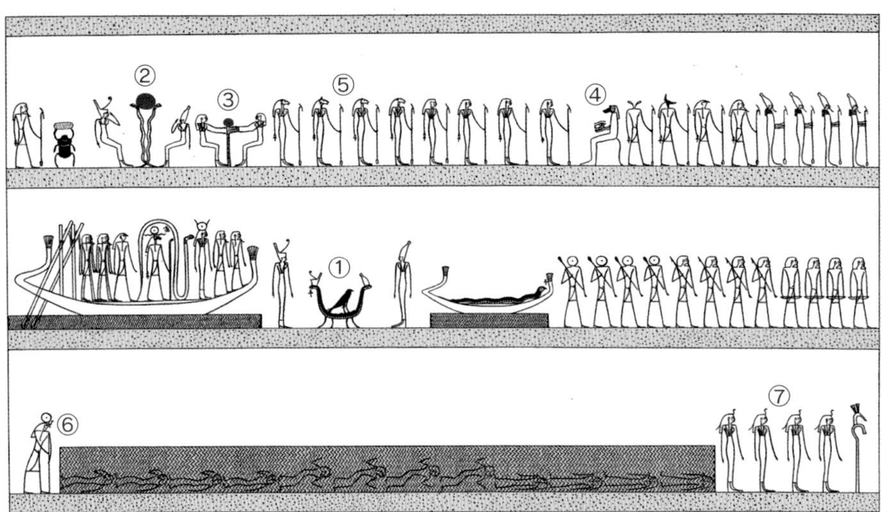

下の水の表現は、「水」を意味する文字（右）の間に漂う人が描かれています。
ラメセス６世王墓

ラメセス６世王墓

アム・ドゥアトのパピルス（第 9-10 時間目）
第 3 中間期、前 1070-664 年、ルーブル美術館 E3451

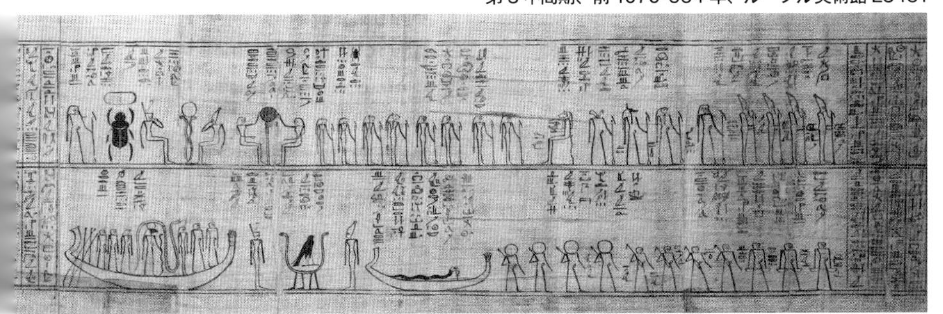

ー第 10 時間目ー

中段では、ソカルのバァ（魂＝大蛇の中のハヤブサ）が太陽神の舟の前にあらわれます①。バァは闇にある敵と闘うため、さまざまな武器を持った太陽神の守護者をともなっています。
上段は、太陽神の眼についてのものです。女神の間で 2 匹のヘビがもたげている太陽円盤②、神を意味する文字の上の太陽円盤③、どちらも太陽神の眼をあらわしています。マントヒヒ姿のジェフティ（トト）神がその太陽神の眼の救出と癒しの術をおこなっています④。さまざまな姿であらわれる治癒の女神で牝ライオン頭のセクメト⑤、ほかの神々も眼の守護の任にあたっています。
下段には水中に溺死した人びとが漂っています。本来、亡くなった人の遺体はミイラにされて、一定の儀式を経る必要がありますが、水死した人の遺体は見つからなかったり、傷ついたりすることがありました。彼らは水辺に立つホルス⑥によって腐敗を免れ、埋葬されていないにもかかわらず神の慈悲で冥界へと送り届けられます。ここにある原初の水は、再生の要素として夜の時間全体を満たしていると考えられていました。ここは闇が支配していますが、水場に続く 4 柱の女神たち⑦が太陽神の進む道に光をあてるのでした。

セティ 1 世王墓

ー第 11 時間目ー

いよいよ東の山（地平線）からの日の出に向けての動きが活発になってきます。太陽神の舟の舳先に太陽①があらわれています。聖船の前には「世界を取り巻くもの」とよばれている大蛇メヘン②があらわれ、運ばれていきます。次の 12 時間目では、このメヘンの中で太陽の再生の奇跡がおこるのです。イシスとネフティスもヘビに姿を変え、赤冠と白冠を東の門まで運びます③。そこに 4 つの姿になったネイト女神が立っています④。

上段では、赤冠と白冠をかぶった双頭の神⑤が立っています。2 つの頭の間には太陽円盤があります。時間の支配者としての太陽神の姿のようです。その次には 4 本の足、翼のあるヘビがあり、その翼をつかんでアトゥム神が立っています⑥。アトゥム神の頭上には太陽円盤があり、その両側にウジャトの眼がおかれています。そして時間の女神⑦がヘビとともに見られます。太陽神の随行者とともに新しい日昇のために最適なタイミングを逸する事がないよう万全な備えをしているのです。4 柱の女神たちが乗っている双頭のヘビ⑧は敵を倒す炎を吐くのです。

下段で、殺された敵は炎で縁取られた穴へ落とされます⑨。「何百万を燃やすもの」という名の大蛇はナイフを握って威嚇している女神たちとともに敵に止めを刺し、太陽が昇ることを邪魔するものを退治するのです。ホルス⑩はこの場面を見ながら、彼の父の敵に非難の言葉を投げかけるのです。

右端は、沙漠（カァセト）の文字（右）をいただく女神と彼女たちを守る時間の神です⑪。日の出前に、東の沙漠から日の出を邪魔するものを排除するのです。

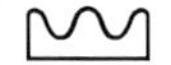

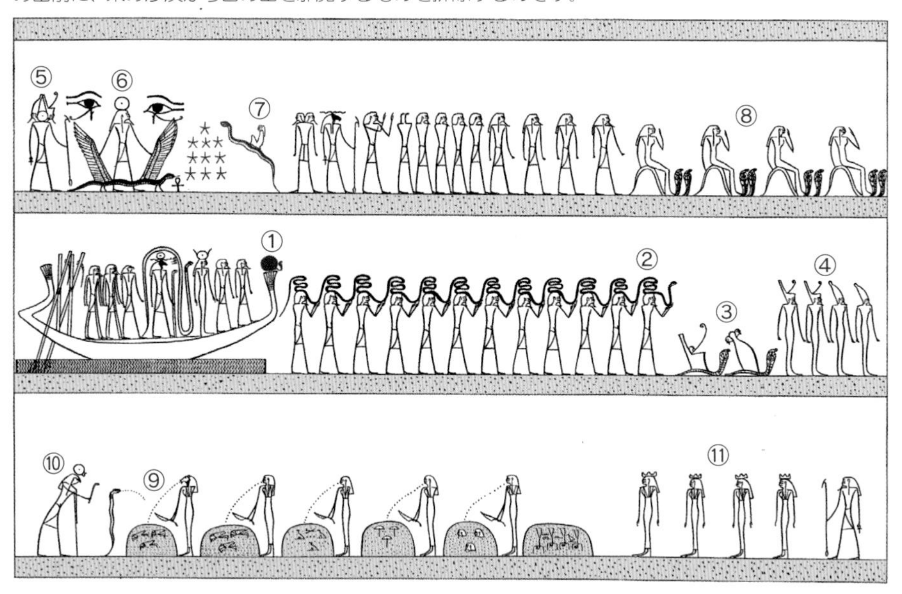

ラメセス 6 世王墓

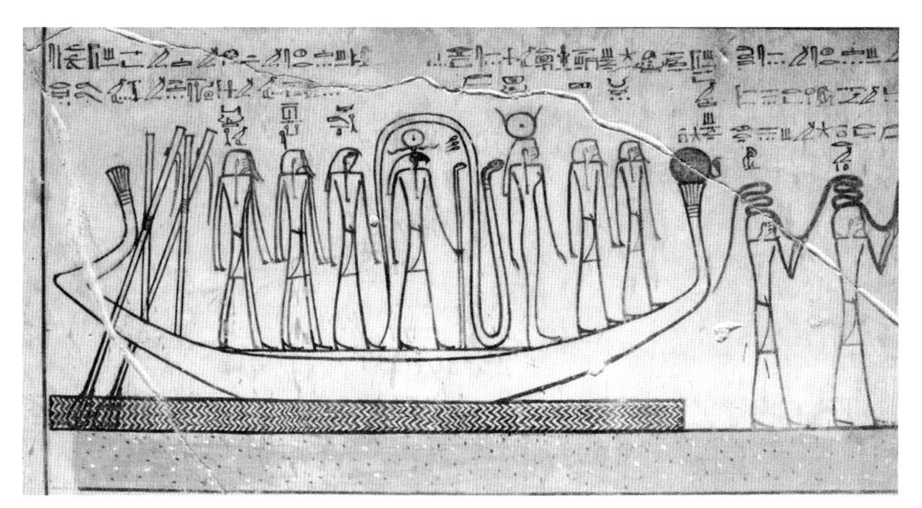

［上］舳先に太陽円盤が出現しています。太陽神の立つ祀堂を守るのもメヘンです。
トトメス３世王墓

右の写真から下の写真へと続いていますが、トトメス３世の壁画とは流れとは違っています。
ラメセス６世王墓

ラメセス６世王墓

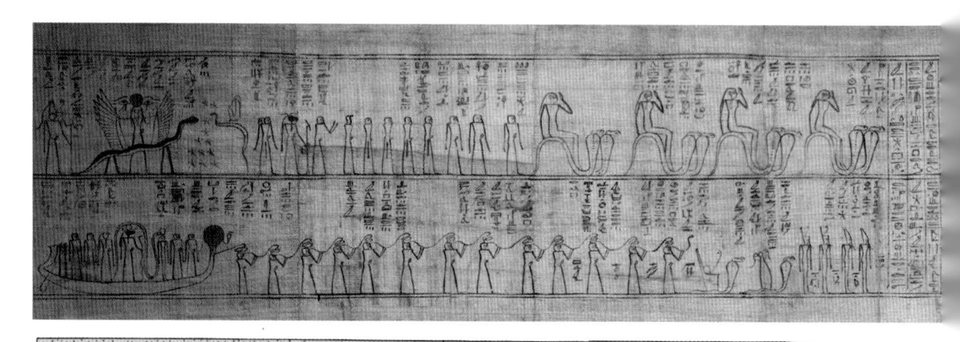

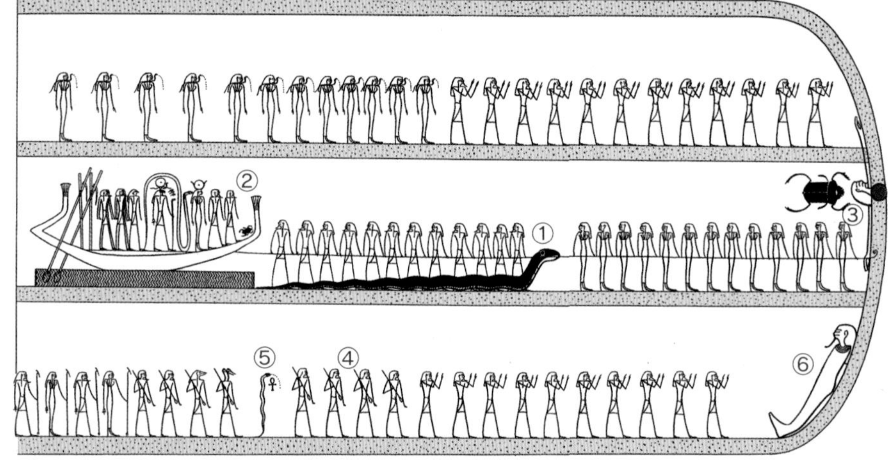

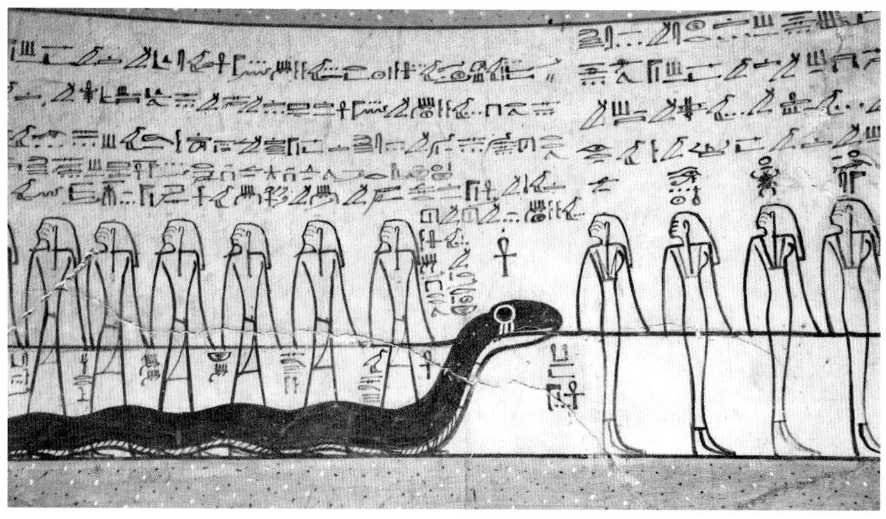

トトメス３世王墓

アム・ドゥアトのパピルス（第 11-12 時間目）
第 3 中間期、前 1070-664 年、ルーブル美術館 E3451

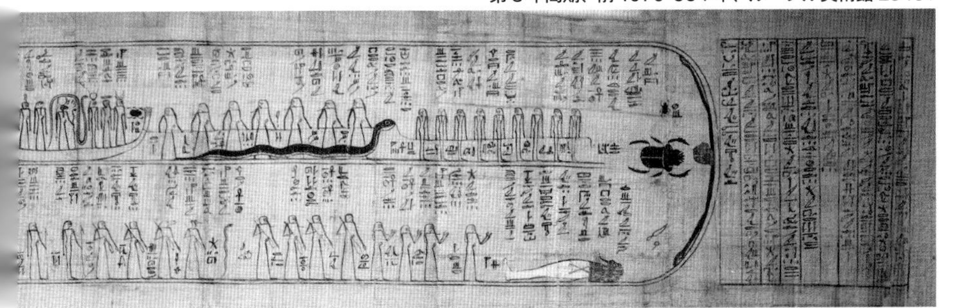

一第 12 時間目一

太陽神の再生にあたって原初の創造を繰り返すため、原初の神々が下段に登場しています。11 時間目で準備されていた太陽神の再生が「世界を取り巻くもの」の大蛇メヘンのなかでおこるのです。

ヘビの体内を太陽神を乗せた舟が神々に牽かれていきます（ヘビの頭部に綱が通されています①)。船首にはすでに羊頭のバァ（魂）に代わって日の出の太陽神の姿であるスカラベ②があらわれています。

メヘンの尾から頭に抜けることは時間を逆行することをあらわしており、尾から入るとき、「すべてのものは老いているが、口から出るときはすべてが新生児となっている」という内容の文章が記されています。

この時間の終りでは、スカラベが腕を広げたシュウ（大気の神）に迎えられます。そしてシュウは太陽を天へと押し上げるのでした③。

上段と下段には、太陽神、オシリスに対する喜び、崇拝を表現する神々が並びます。また同時にパドルを持つ神々④、炎を吐くヘビ⑤（下段中央）によって念のためにもう一度、邪悪な大蛇アアペプ（アポピス）を追い払います。

太陽が冥界を去ると女神たちはその後も続けて死者たちを光で照らします。一瞬、冥界は開放されますが、すぐにシュウがそれを封印し、太陽神の夜の旅は終了するのです。

下段の終わりでオシリスはミイラの姿⑥になり、ふたたびすべての死者が死の眠りにつくのでした。

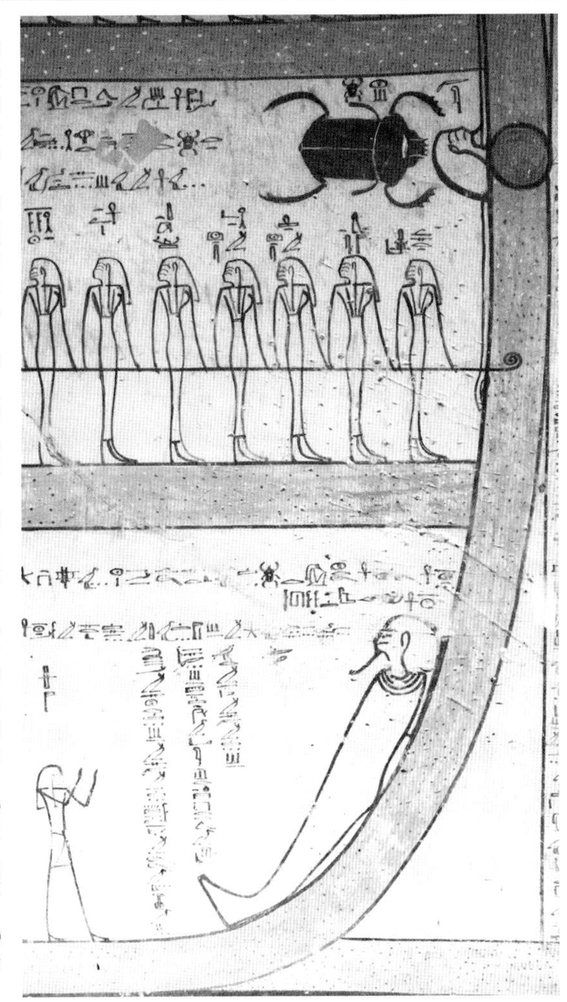

トトメス 3 世王墓

アム・ドゥアト　第12時間目最終局面

トトメス3世王墓

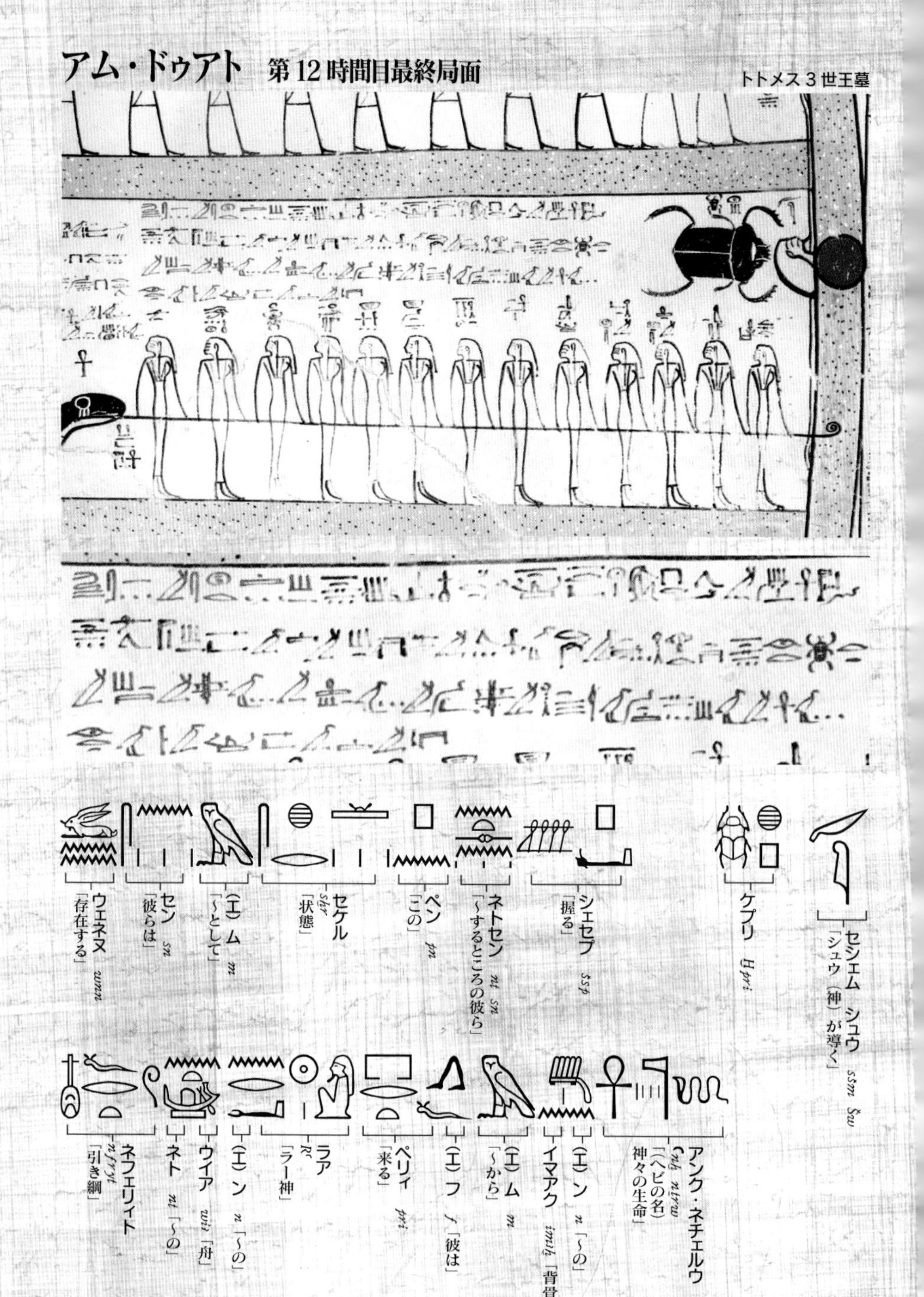

※このヒエログリフのテキストは変則的に記されています。文章は左から右への横書きで書かれているのですが､文字が通常とは反対の向きになっているのです（鳥などの文字をごらんください）。本書では、その部分を直して掲載していますので、原文と見比べるとき、その点にご留意ください。

意味：彼らはこのような状態にある。彼らは「神々の生命」という名のヘビの背骨を通ってくる太陽神の舟の引き綱を握っている。彼らは天空の道に彼を導く、天における偉大なこの神を牽く。彼らは、風、穏やかさ、嵐、雨のような天の現象を引き起こす。彼らが命ある者たちに布告することは、天空における偉大な舟の役目についてである。

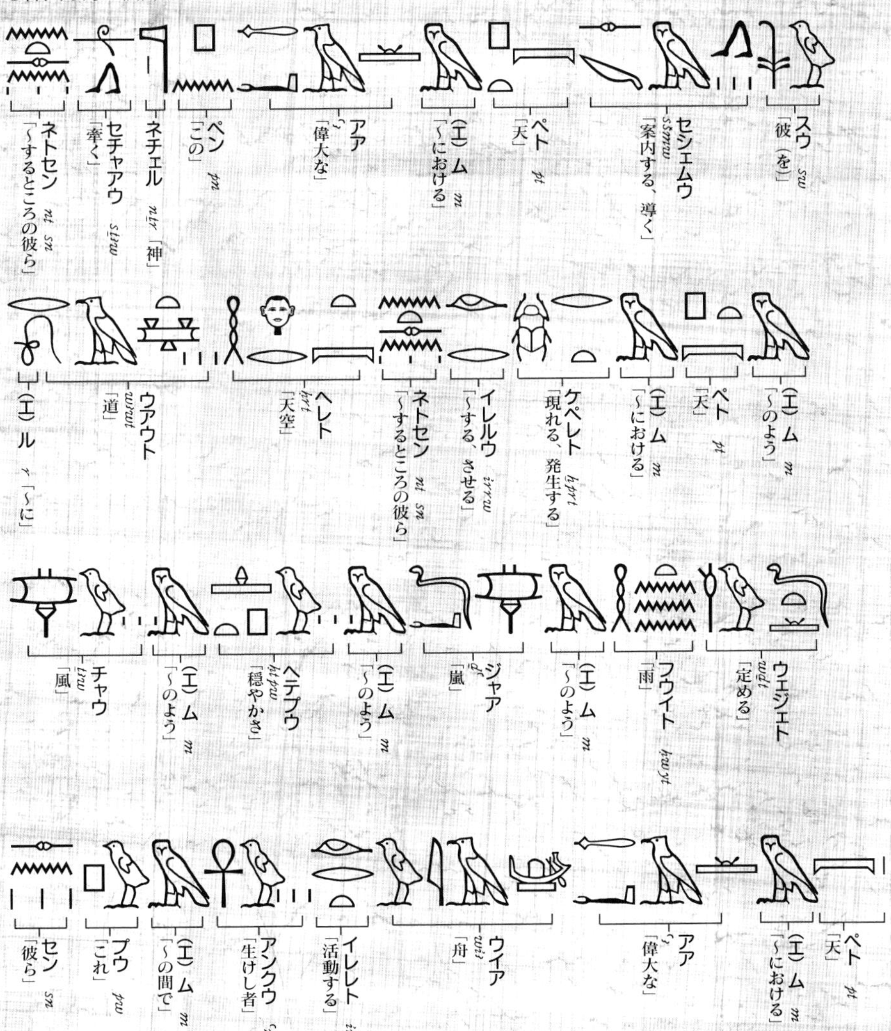

太陽神ラーの讃歌

一般に「ラーの讃歌」「太陽神ラーへの連祷」とよばれていますが、正しくは「西方にあるラー神への祈祷書、西方で合体したものへの祈祷書」です。新王国時代以降、トトメス3世王墓を最初に、王墓や高位の貴族の墓に記されました。

次ページの口絵にあたる図像は、中央に、日中の太陽の象徴であるスカラベと冥界（夜）の太陽の象徴である羊頭の人物が描かれ、太陽の完全な状態が表現されています。その上下に描かれた逃げるようにしているヘビやワニ、沙漠から頭を出した野生のレイヨウは、ラー神に敵対するものの象徴と考えられています。

冒頭は、太陽神ラーが冥界で変容したときの姿があらわされ、その周囲にこれらを賞讃する文書が書かれています。ラー神はオシリス神と合体します。日中はラー・オシリスとして天にありますが、夜は冥界に入り、変容を繰り返して、冥界で罪深い者を罰し、善行を重ねたものを救済する、太陽神とともにある王の毎日の再生を保障する、西方での道で迷わないようにするなど、再生復活にあたってラー神が担ってくれることへの祈祷が続きます。

亡くなった人物は、この太陽神と行動をともにすると考えられていました。

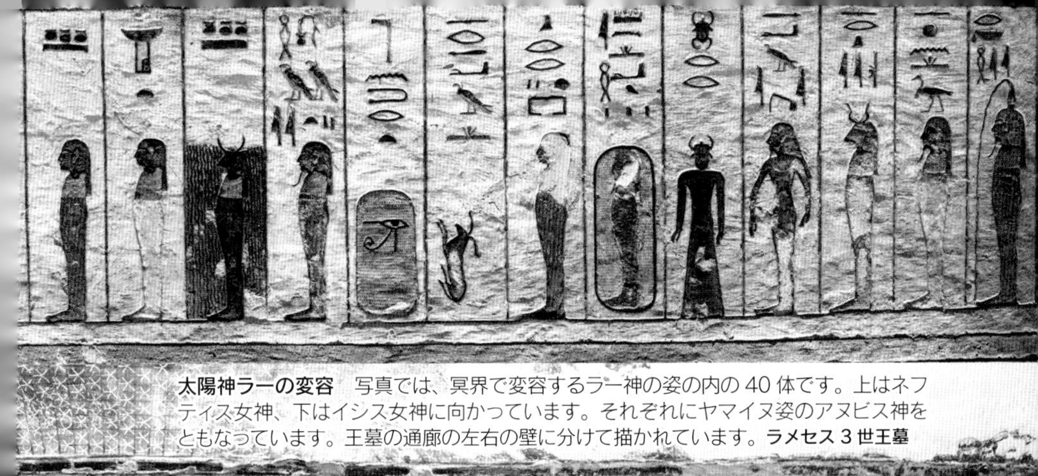

太陽神ラーの変容　写真では、冥界で変容するラー神の姿の内の40体です。上はネフティス女神、下はイシス女神に向かっています。それぞれにヤマイヌ姿のアヌビス神をともなっています。王墓の通廊の左右の壁に分けて描かれています。**ラメセス3世王墓**

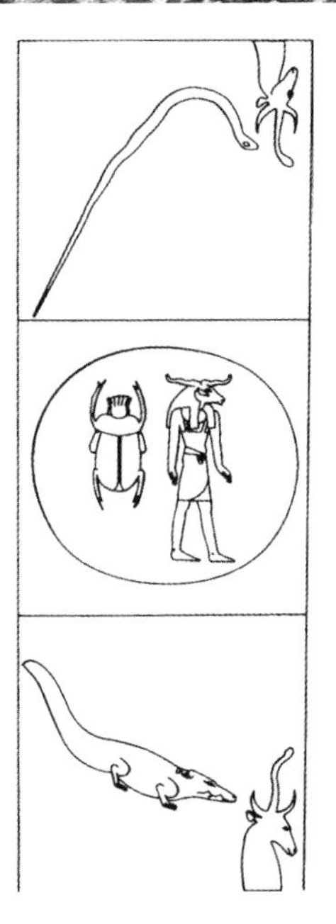

太陽神ラーの讃歌の口絵
［左］ラメセス3世王墓
［上］セティ1世王墓

太陽神の 74 の姿と名前

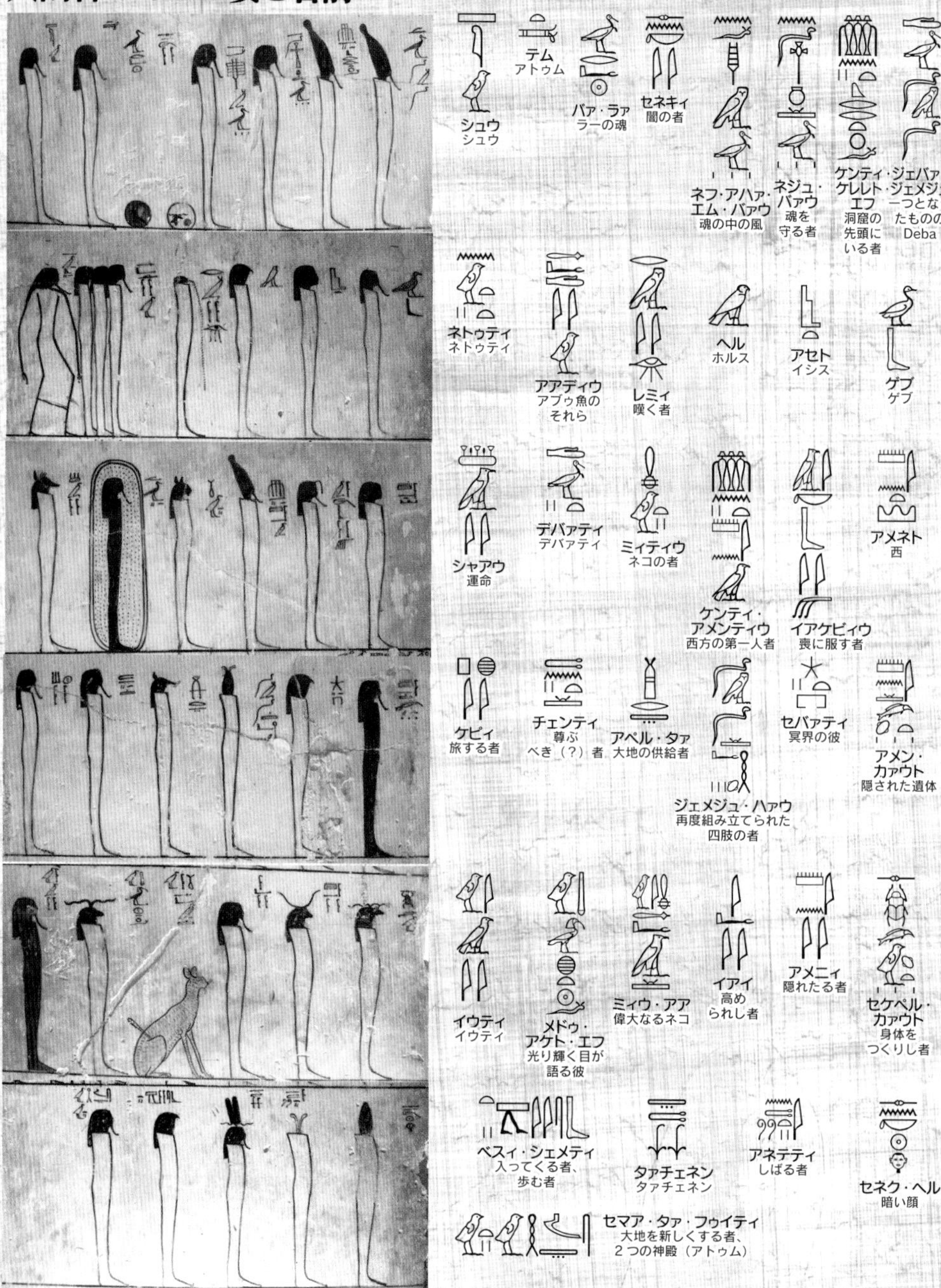

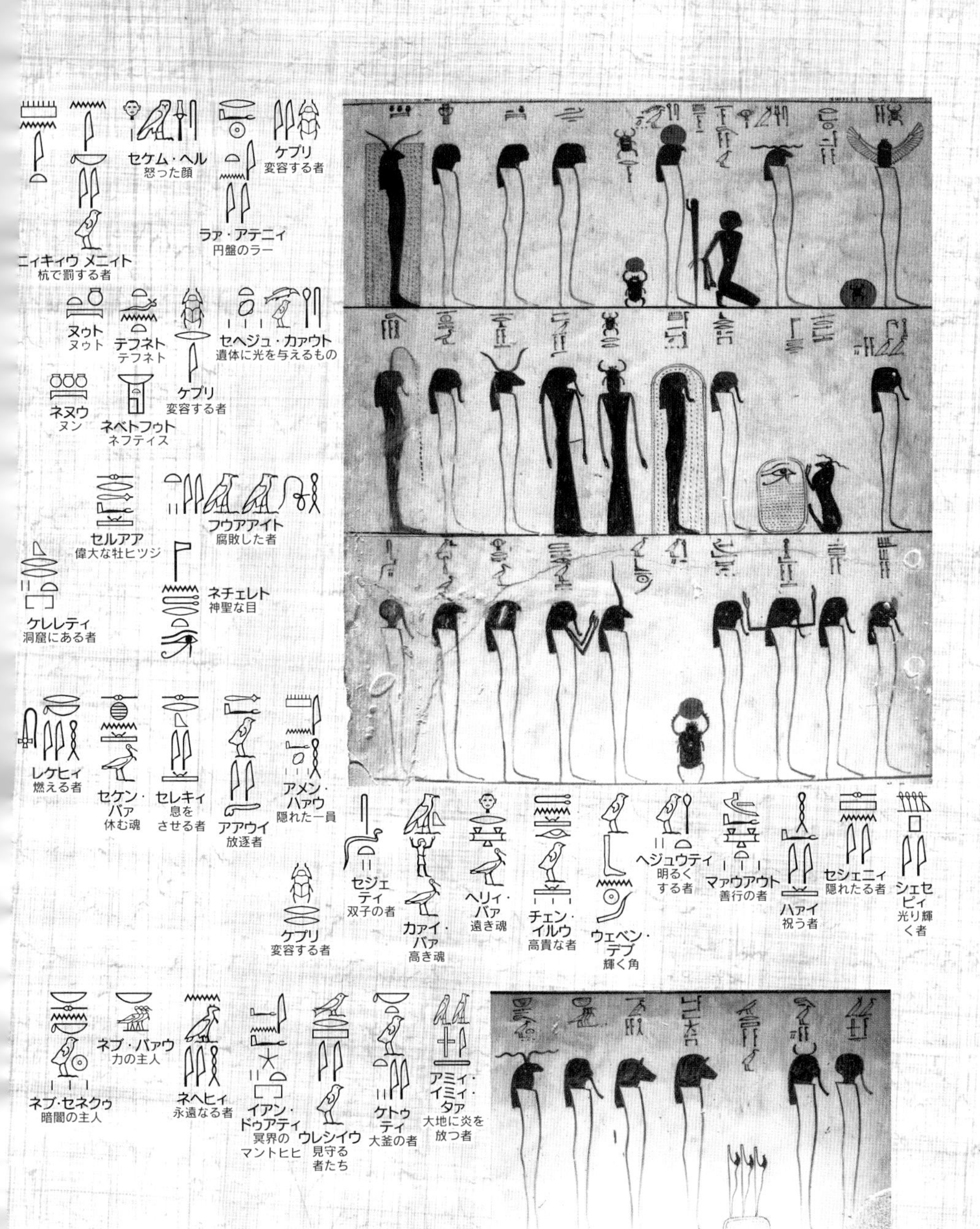

太陽神ラーの変容　冥界で変容するラー神の 74 の姿が、玄室のなかの角柱に描かれています。「太陽神ラーへの連騰」としては最初期のものです。この図が次に登場するのは第 19 王朝のセティ 1 世王墓からですが、それからは墓の入口に近い通廊の両側に描かれるようになります。**トトメス 3 世王墓**

暗号文の冥界の書

メヘンによるウロボロス　トゥトアンクアメンの第２の厨子（下）の外側側面の浮彫りです。木製金板張りです。メヘン（ヘビ）がみずからの尾をかんで環状になったウロボロスになっています。ウロボロスとは古代ギリシア語で「尾を飲み込む（ヘビ）」という意味で、始まりも終わりもない完全なもの（守護）、死と再生の永続の象徴とされています。一説に、頭部の前後に書かれているヒエログリフはイメン　ウェヌウト「時の経過を隠す」を意味しているとされています。
新王国時代第 18 王朝　前 1340 年頃　カイロ・エジプト博物館　JE 60666

トゥトアンクアメンのミイラが収められた石棺は、玄室のなかで少しずつ大きさを変えた4つの厨子に囲まれていました。その第2の厨子の外側の側面には、独特の夜（冥界）のようすがあらわされています。

葬祭文書としては、アム・ドゥアトのあと、門の書（54 ページ）が描かれるようになるまでの間に考え出されたようです。

アム・ドゥアトに関連すると思われる図像に「日のもとに現れる（ための書）」（死

▲解読不可能なヒエログリフ文書　２人の守護者が見守っています。そこではラー神が、「彼の声で」光を差し、その場のものに息ができるようにしています。人頭の大蛇がオシリス（上）とラー（下）の収まった棺を二重、三重に囲んでいます。手を収めた箱状の容器があります。容器のなかのヒツジの頭も太陽神ラーを象徴していると考えられます。図像もまた意味不明です。

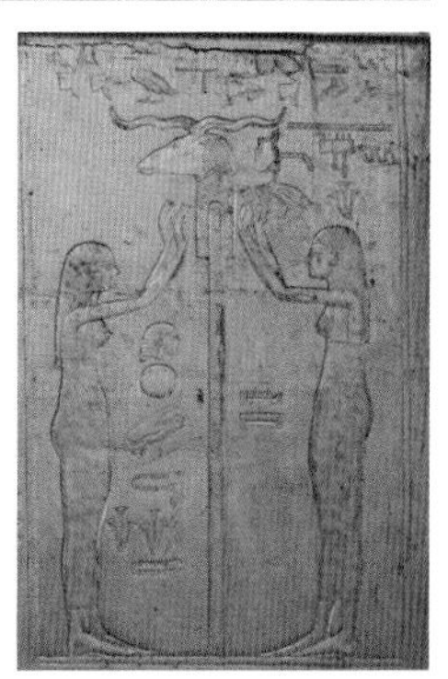

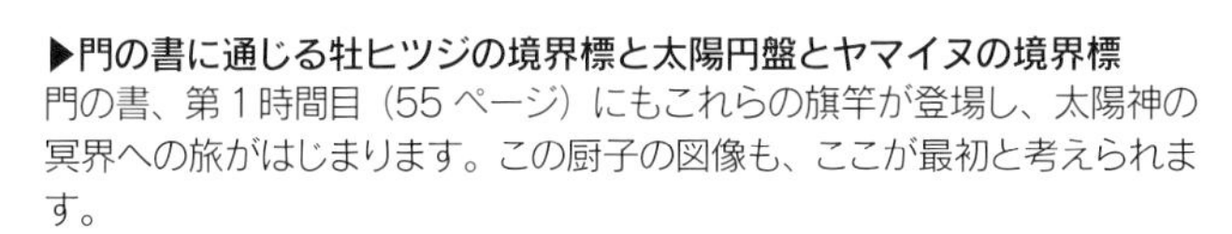

▶門の書に通じる牡ヒツジの境界標と太陽円盤とヤマイヌの境界標
門の書、第１時間目（55 ページ）にもこれらの旗竿が登場し、太陽神の冥界への旅がはじまります。この厨子の図像も、ここが最初と考えられます。

者の書）のテキストが書かれているのです。そして右図のように門の書につながる図像も登場しているという興味深いものといえましょう。

　もうひとつの特徴が、トゥトアンクアメンの名前や称号、讃える言葉、「日のもとに現れる（ための書）」（死者の書）のテキスト以外、意味不明の文書が書かれていることです。同じ文字が繰り返されたり、別の文字に置き換えられたり、暗号のようだというので、研究者の間で「暗号文の冥界の書」などと呼ばれることがあります。なぜ、このようなことがなされているかの理由はわかっていません。

トゥトアンクアメンの第２の厨子「暗号による冥界の書」A

右端の牡ヒツジとヤマイヌの2つの境界標から太陽の冥界への旅が始まります。その間の太陽円盤には羊頭のバァ（鳥の姿の魂）が見られます。B面では太陽円盤や神から光線が放たれ、光に満ちた世界であるのに対して、A面は暗闇が支配する場所、太陽円盤が一新する場所をイメージしたものと考えられます。

2つの境界標に続く場面は2段に分けられ、それぞれに8体の神の姿が見られます。これらは冥界（地下の世界）を通るときに、太陽神が変容する姿のようです。この像のまわりのヒエログリフは暗号のようで意味不明です。

そしてミイラの形の大きな神の姿です。「太陽神ラーの讃歌」でもそうだったように、この面は冥界の場面なので、オシリス神と太陽神ラーが合体した状態をあらわしたのではないかとの説があります。神の頭部と足元はそれぞれメヘン（ヘビ）によるウロボロスに囲まれていて、頭のほうは「時の経過を隠すもの」①とあり､足元のほうは全体で「太陽円盤を囲むもの」②を表現しているなどの説がありますが、確かな意味はわかっていません。

腰あたりの太陽円盤には羊頭のバァ（鳥の姿の魂）があり、ここから伸びた光の線が綱のように、次の場面の2段目、7人の頭上に至っており、それを彼らが礼拝しています。③

彼らの上では7柱の女神が反対側を向き、それぞれ棺に入った姿であらわされています④。身体はその場にとどまりながらも彼女たちのバァは太陽神とともにあるようです。

3段目では2人の守護者が見守るなか⑤、太陽神ラーが「彼の声で」光を差し込み、その場のものに息ができるようにしています。人頭の大蛇がオシリス（上⑥）とラー（下⑦）の収まった棺を囲んでいます。その右側に太陽神ラーの象徴と考えられるヒツジの頭と手を収めた箱状の容器⑧があります。この周囲のヒエログリフも解読不可能で、確かな意味はわかりません。

右ページのⓐ～ⓔには死者の書の文章が書かれています。

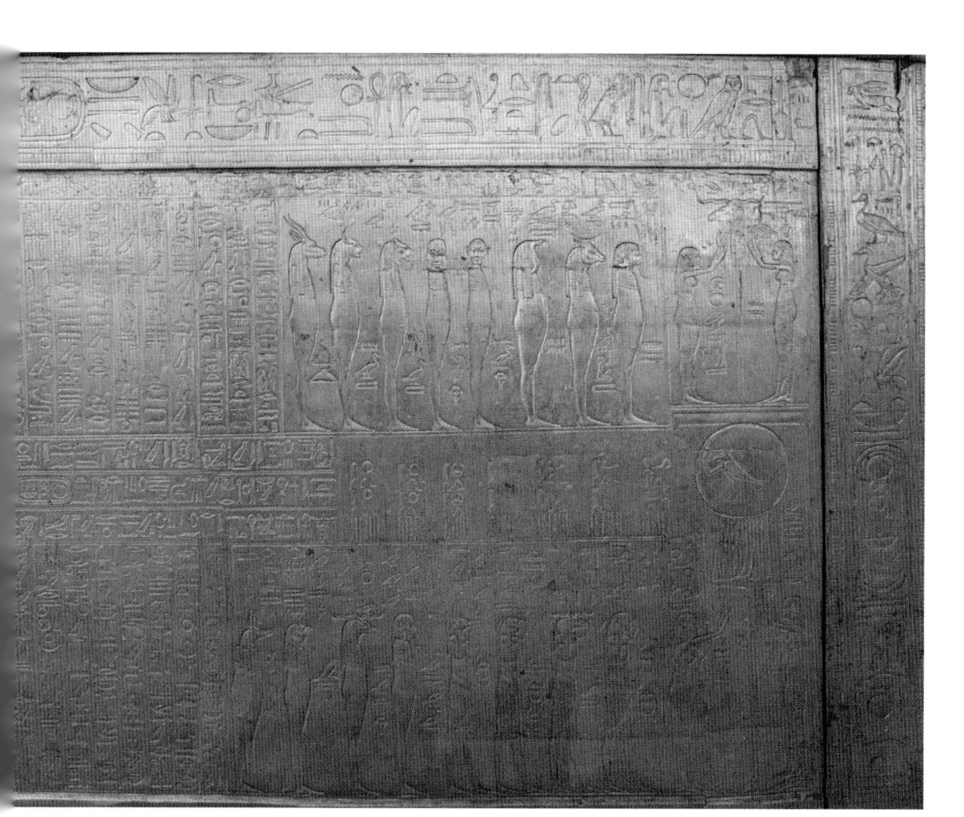

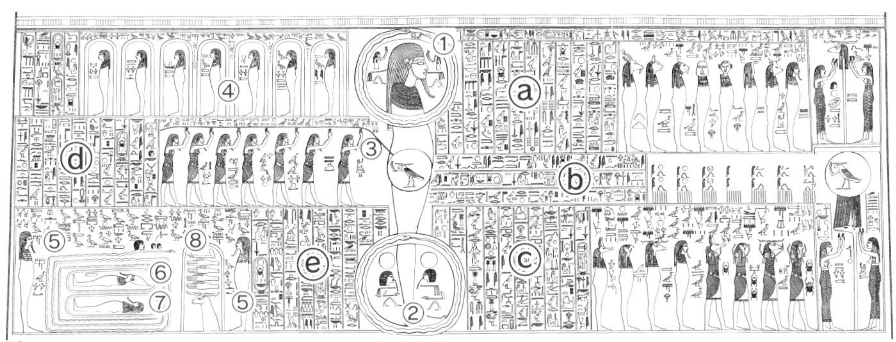

Fig. 41. Exterior Left Panel

ⓐ**第 17 章**のはじめ：太陽神ラーによる言葉。太陽神がヘルモポリスの神々の一員であることを語っています。

ⓑ**第 27 章**：オシリスの裁判を受けるとき、その人の人格そのものと考えられていた心臓が、死者の現世での行いについて証言をします。そのときに不利な証言をする心臓がつくられないようにするための呪文。

ⓒ**第 1 章**　ジェフティ（トト）神の助けで、冥界の神オシリスとその裁判などの情報、知識を身につけ、死後の生活を保障するための呪文。

ⓓ**第 29 章**　冥界にあって、心臓が奪われないようにする呪文。

ⓔ**第 26 章**　心臓が満足し、力を持つことで、四肢に力を回復させる呪文。

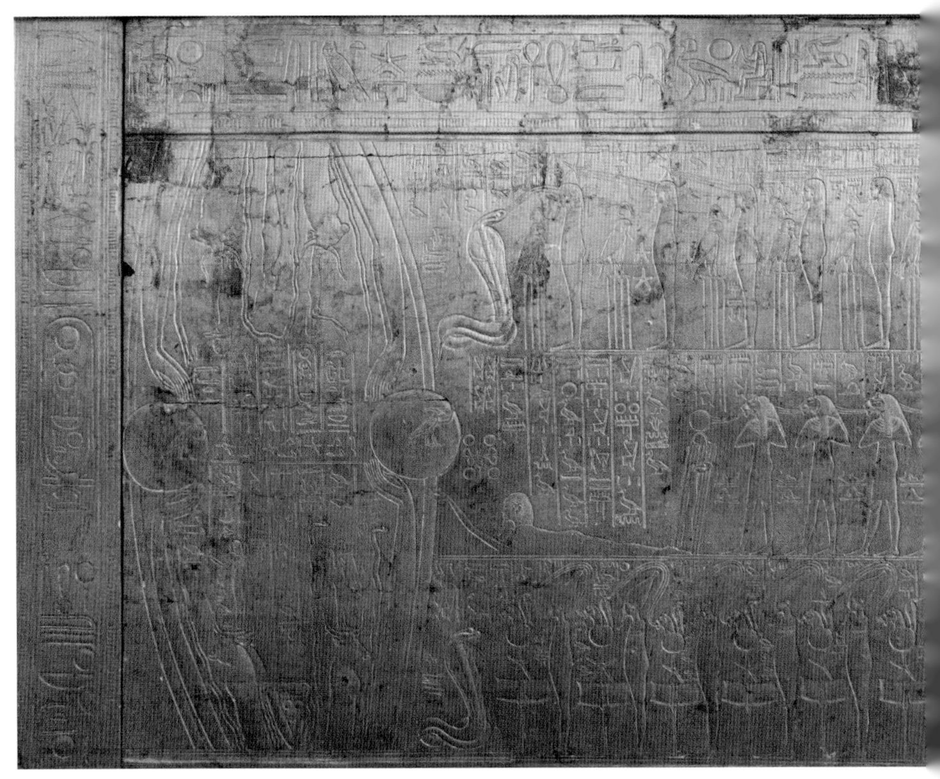

トゥトアンクアメンの第２の厨子「暗号による冥界の書」B
①日中の太陽の動きをまとめた図像のようです。羊頭のバァ（鳥の姿の魂）が中にある太陽円盤が２つ、それぞれを上下から伸びた両腕が支えています。腕の間には、大蛇、４つのネガウ（角の長い牡ウシ）の頭と、その頭上に立って太陽を拝む女神たち、ヘビがつくる天蓋のなかに立つオシリス、「崇拝する腕」があらわされています。この場面が単独のものか、次に続くものかは議論の分かれるところです。
その右は３段に分かれており、さらにそれぞれ３つの場面に分かれています。太陽神ラーは円盤であらわされており、光線によって人と結びつけられています。ラーの光は彼らの身体の中へも差し込むとされています。上段と下段では、口から光線を放つ大蛇ではじまっています。上段の最初の６柱の神々はそれぞれの前に鳥の姿のバァ（魂）がおり、ラーの光を受けています②（先頭の神だけ大蛇から光を受けている）。その光は、彼らの身体の中に入っていくのです。
２つめの場面はネコではじまります③。このネコは大蛇が隠れている大地からあらわれる状態をあらわしているので、下半身が見えません。それに続く７柱は、正面向きの頭部が身体から離れていて、それぞれに星と太陽がくっついています。脚があって逆さになっている太陽円盤から首なしの身体に光線が降り注いでおり、歓喜する状態を表現しているようです。
最後の場面の６柱の神々④は、それぞれメヘン（太陽神を守護するヘビ）の上に立っています。彼らは顔前の太陽円盤から額に命を授けてくれる光を受けています。メヘンの頭上には炎（の文字）があり、彼らの再生を助けます。
中段の最初は、腹ばいになったミイラ⑤が、羊頭のバァが入った太陽円盤に手を伸ばしています。ミイラの足から大量の光とともに大蛇が立ち上がっています。そこに４柱のライオン頭の神がありますが、どれも手が描かれていません。これは門の書の第６時間目（64ページ）と同じく、彼らが太陽神の遺体を運んでいるので見えなくなっているのかもしれません。次の場面もほぼ同じで、ライオン頭の神が６柱です。それぞれの場面で足のある円盤からの光が口に入っていきます。

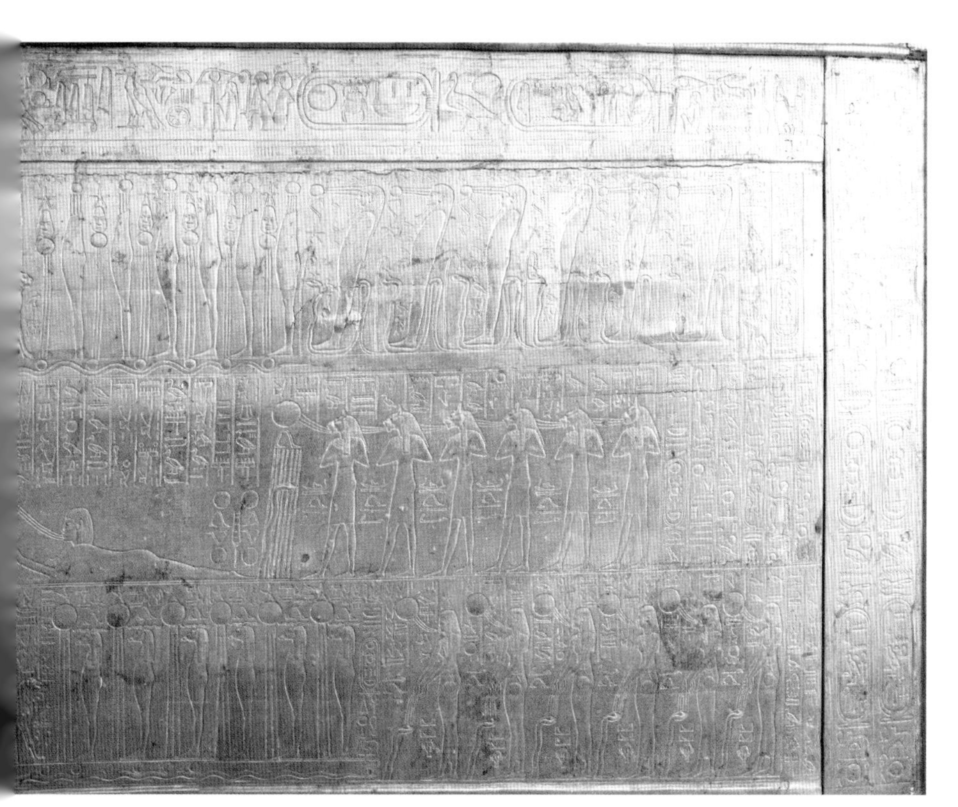

下段では、先頭のコブラに続いて6体のオシリス⑥が立っています。オシリスの前にはライオンとコブラの頭があらわれた円盤、星、舟の帆（風や息のシンボル＝呼吸ができる状態）が描かれています。大蛇の口から出た光はライオンの頭に受け取られ、一度、円盤に入ってコブラの口から出て、オシリスを包むようにして次のライオン頭へ、というように送られていきます。
次はライオンではじまります⑦。このライオンも下半身が見えていません。続く6体のミイラ姿のものたちは羊頭です。
最後の場面は6体の女神⑧からなります。彼女たちはそれぞれ円盤から光が口へ注がれ、その手から「邪悪なる顔」という名のあるヘビの頭に、体を通って来た光を浴びせています。浄化されている彼女たちの腹部には、星と円盤（太陽）を宿しているように表現されています。
太陽光線のエネルギーがどのように作用しているかを示しているようです。こうした光の流れは、アマルナ時代のアテン神の太陽光線に対する宗教的な解釈が引き継がれていると考えられます。

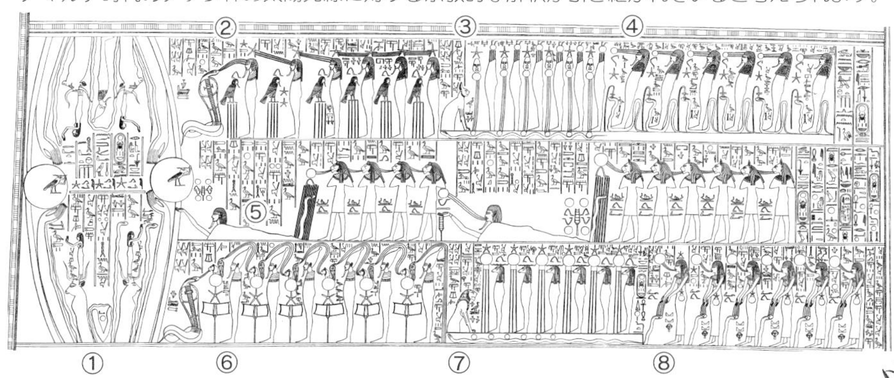

天の牝牛の書

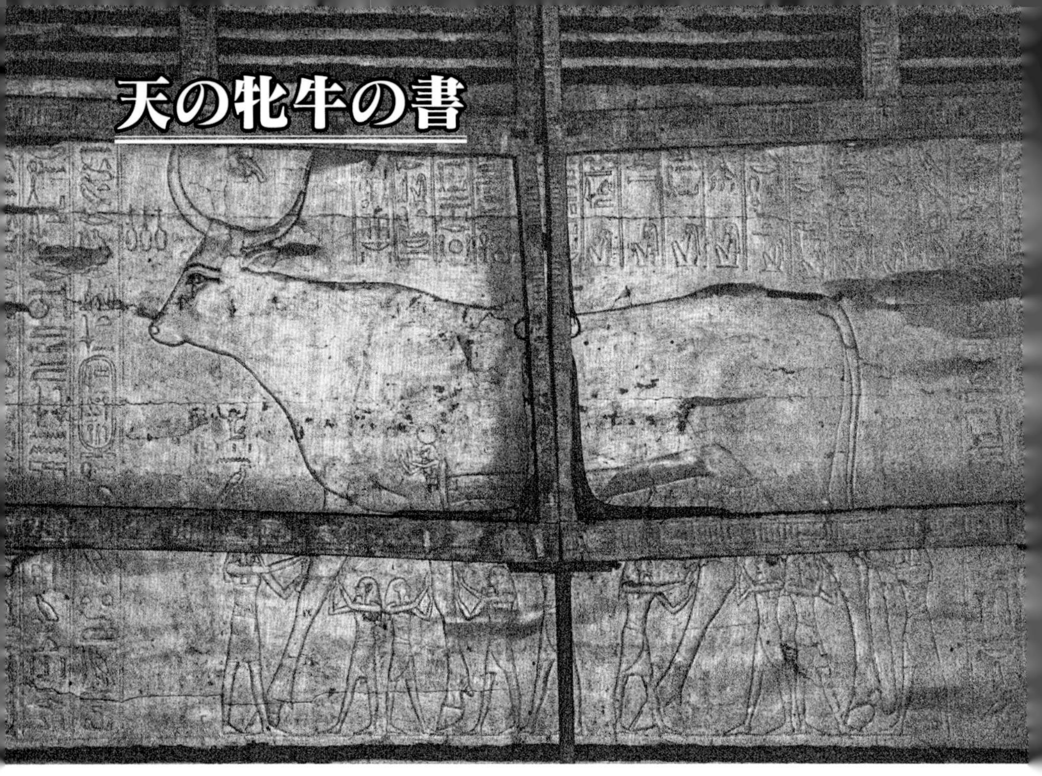

天の牝ウシ　トゥトアンクアメンのミイラを納めた石棺は、玄室のなかで４重の厨子に囲まれていました。そのもっとも外側の第１の厨子の内部にほどこされています。木製金板張りです。
新王国時代第 18 王朝　前 1340 年頃　カイロ・エジプト博物館　JE 60664

「天の牝牛の書」という名称や大きなウシの図版から受ける印象とは違って、ここに記されているヒエログリフの文書は、「人類殺戮の物語」という恐ろしいものと、太陽神ラーが世界（宇宙）を再構築するという内容です。

新王国時代第 18 王朝の終わり、アクエンアテンのアマルナ時代では、太陽神アテンを主神とする宗教改革がおこなわれました。多くの従来の神々が否定されましたが、太陽神ラー、大気の神シュウなど、いくつかの神は存在し続けていました。この文書、物語はそんな特異な時代に考え出され、トゥトアンクアメンの厨子に最初にほどこされました。もちろんこの物語に至るまで、古くからの神話伝承が影響していると考えられています。

その物語は、神と人類がともにあった神話時代のことです。

世界は太陽神ラーが治めていましたが、ラー神が老いてくると、人類は太陽神に反逆するようになってきました。これに対してラー神は、原初の神ヌン、大

「天の牝牛の書」
一文字一文字が丁寧に浮彫りにされ、彩色されています。文字の周囲を彫って、文字を浮き出させる、とても手の込んだ仕事です。
頭部にあるネフェルウは「完全」「美」などの意味もありますが、「内陣」「後壁」などの意味かもしれません。
胸元には、ヘフウ・ナァ「無限のもの」とあります。
セティ１世王墓

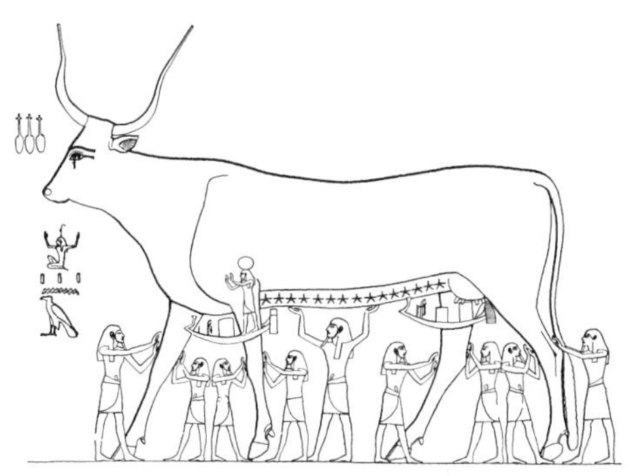

地の神ゲブ、大気の神シュウ、湿気の神テフネト、天の神ヌゥトなど世界（宇宙）をつかさどる神々にこの問題を諮ります。そして、太陽神に反逆するような人類は殺戮してしまおうとの結論にいたりました。

反逆者を殺すため、ラー神は燃えるような「太陽の眼」を呼び寄せます。その眼はハトホル女神として人類の前にあらわれ、殺戮をはじめました。ところが、その虐殺のようすがあまりにも凄まじく、ラー神は人類に哀れみを覚え、殺戮を止めさせせようとします。

ラー神がなだめたものの、ハトホルの興奮（殺戮することへの快楽）、怒りは収まりません。そこでラー神は召使いに命じて、ビールに赭土を混ぜて血のように見えるようにし、壺に入れて夜の間にエジプト各地に置いたのです。翌朝、ふたたび人類の殺戮に向かったハトホルはこの赤いビールを見つけ、血への飢えを満たすように、酔うまでそれを飲みます。酔ってようやくハトホルは落ち着きを取り戻し、神殿へと戻ったので人類が殲滅されることはありませんでした。

ネヘフ神（左）とジェト女神（右） 両方とも「永遠」「永久」を意味し、一対で「時間と永遠」を象徴しています。それぞれ天を支える柱を握り、後ろ手には生命の標アンクをもっています。死者はこの2柱の偉大な神の名を知っていることが大切でした。**セティ1世王墓(右)、トゥトアンクアメンの第1の厨子(左)**

ちなみに一説には、このハトホルによる殺戮はナイルの増水がはじまる直前(1ヶ月は30日なので、実際のシリウスのサイクルである365日であまる5日間)にあったのではと考えられています。ナイルの増水はいきなり水位が高くなるわけではありませんが、水が茶色く濁ったりする現象を「赤色になったビール」とたとえたのかもしれません。新年とともに女神の怒りが収まったというわけです。

別の物語では、地上の統治に疲れた太陽神ラーが人類の住む大地を離れて天に向かうことにしました。ラー神はこのことを原初の水の神ヌンに相談します。するとヌンは息子のシュウと娘のヌゥトをラー神の援助に遣わしました。

ヌゥトは牝ウシの姿になって四方に脚を開き、太陽を背に乗せて天となり、シュウは大気としてその牝ウシの腹を支えることになりました。ウシの4本の脚は、それぞれを2柱のヘフ神（永遠をつかさどる）が支えました。ちなみに「4」という数は、このように全方位と結びつけられ、「完全に、ぬかりなく、すべて」を意味するのです。

こうしてヌゥトのもとに身を寄せたラー神は、地上の人類の統治をジェフティ（トト）神に託しました。太陽が地平線に沈むと、ジェフティ神が月の神として地上を照らすようになったのです。

神の時代が終わり、地上は人間の王が治めるようになったという王権のは

▲**「天の牝牛の書」** 文字の周囲を彫って浮き出させ、彩色する非常に手の込んだ仕事です。
セティ１世王墓

▶**太い天の柱と王** 中央の太い天の柱を中心に王が３度、描かれています。
上の段、右側の王は、権力者の象徴であるセケム笏を両手にもっています。その前のヒエログリフは「オシリス神のもとで声正しき者、オシリス（＝故人）メンマアトラー（＝セティ１世）」とあります。
下の段の２体は、中央の天の柱を握った状態で左右対称に描かれています。後ろ手にアンクを握っています。
生前、「太陽神ラーの息子」であった王は、死後は神の一員として任務にあたったと考えられています。**セティ１世王墓**

じまりの説明、太陽の日々の運行の仕組み、ナイルの増水のサイクルなど目に見える世界と、地平線に沈んでからの太陽のようす（夜）など見えない世界（死後）の説明を担ったと考えられます。世界の再構築は、エジプト史における秩序（マアト）が失われた中間期の経験を物語っているのでしょう。

セティ1世王墓、第1列柱室の門の書（左壁）
第5時間目が描かれています。4本ある柱には、王が神々から祝福を受けている場面が描かれています。右の柱はラー・ホルアクティ神、奥の黄色い背景の壁には厨子の中に腰掛けるオシリス神が見えます。

「アム・ドゥアト」とその内容は似ていて、太陽神が通過する12の時間の冥界のイメージがあらわされています。アム・ドゥアトでも時間と時間の間には門の存在がうかがえましたが、ここではそれぞれの時間が炎を吐くヘビが守る特徴的な門によって明確に区切られ、太陽神の舟はこの「門」を通過して移動することから、研究者の間では、通称「門の書」とよばれています。古代に特定の名前でよばれていたのかはわかっていません。

太陽神の舟を牽引するのは4人の男です。具体的に「4人」というよりも、「4」が基本方位の四方につながり、「ぬかりない、滞りのない」完全な状態

太陽神の舟
太陽神が収まっている厨子をメヘンというヘビが囲みます。厨子の前をスィア、後ろをヘカが守護します。赤色のガイドライン、下書きが残る未完成の壁画。
ホルエムヘブ王墓

であることをあらわしているのでしょう。そして舟では、アム・ドゥアトの第７時間目以降のように、太陽神が立つ船室をメヘンとよばれるヘビが囲み、前にスィア、後ろにヘカの守護神が立つ形になりました。

メヘン *mḥn*
スィア *Siꜣ*
ヘカ（ウ） *Ḥkꜣ(w)*

第 18 王朝最後のホルエムヘブ王墓（KV57）で描かれて以降、ラメセス７世王墓（KV1）までのほとんどの王墓で見られます。しかし、ラメセス４世王墓（KV2）以外、すべてがそろっている墓はありません。その内容は、アム・ドゥアトよりもさらに太陽神と王との関係が強調されたものになっています。

［上］ラメセス６世王墓

［下］オシレイオン（セティ１世葬祭殿、アビュドス）

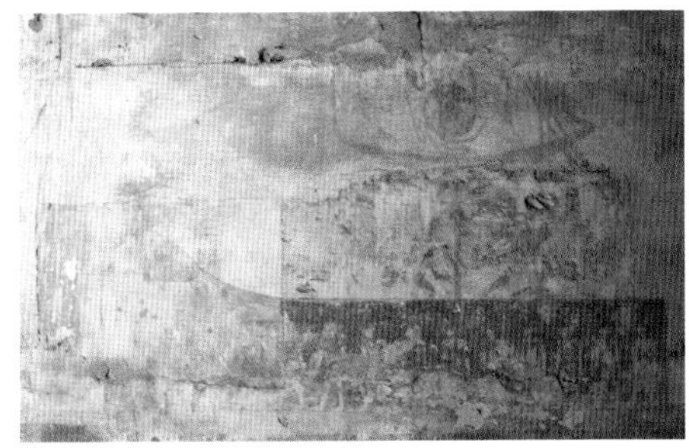

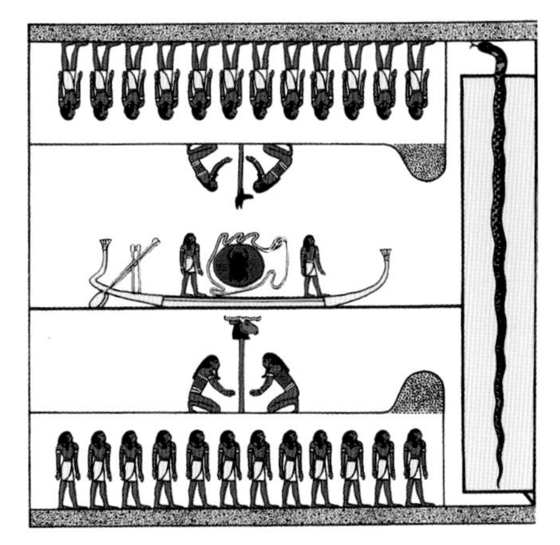

ー第１時間目ー

日没、つまり太陽神が死者の領域に進んで来ました。日没すぐはまだ地平線が明るいように、最初のこの時間は現世と冥界の境界をイメージしたものです。

上下で西方の山に住まう 12 の神々が太陽神の舟を迎えます。最初の門の前にはヤマイヌの頭のついた棒、ヒツジの頭のついた棒がそれぞれ１本ずつ立っています。

双方の棒のもとに、擬人化されたドゥアト（冥界）とセミィト（沙漠）がかしづいています。これらは来世に住むものたちへの報酬をもたらす力、罰する力を持つ神の偉大さをあらわしているようです。

［門の書の線画］Erik Hornung "The Ancient Egyptian Books of the Afterlife", 1999 より

最初の扉のヒエログリフ（訳は次ページの下）

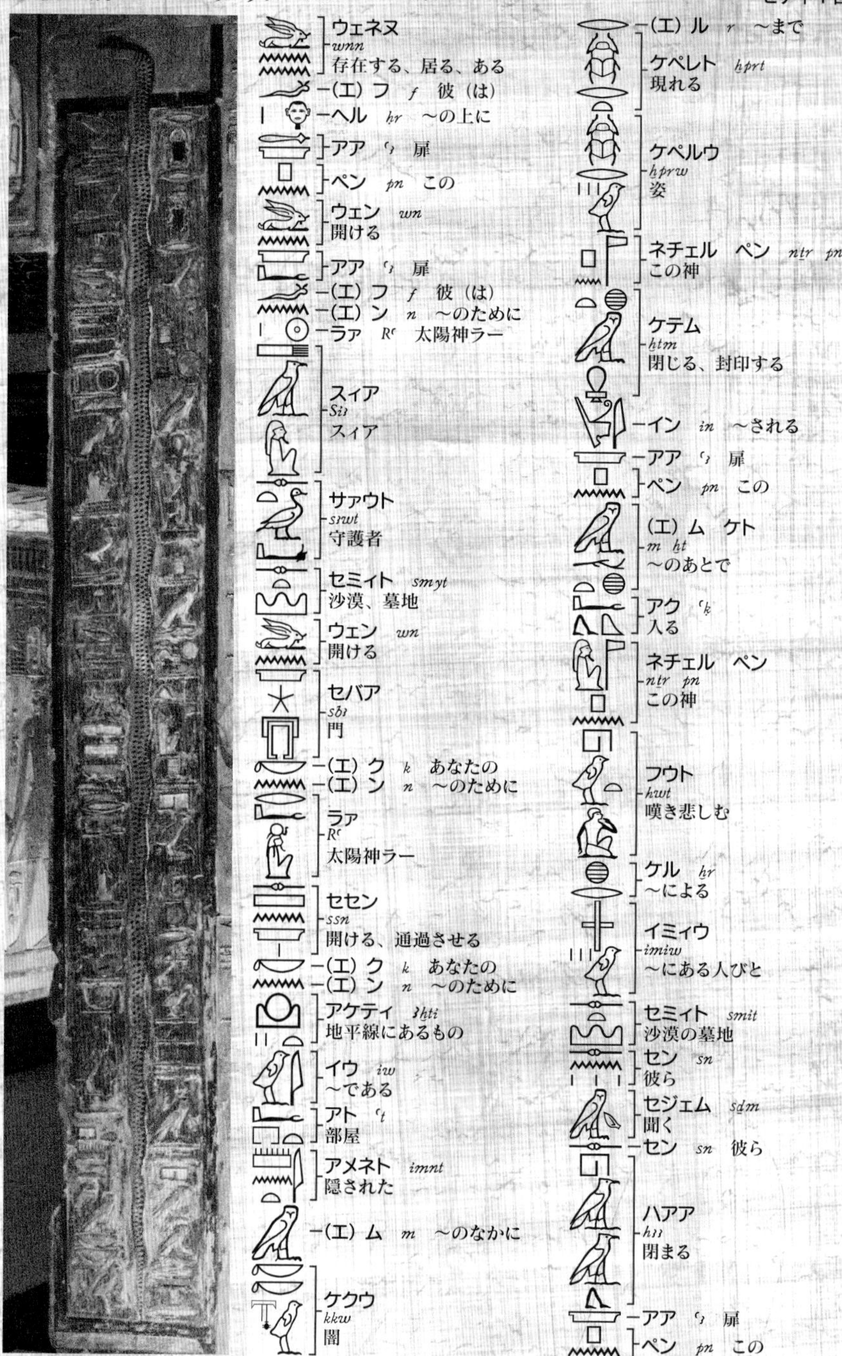

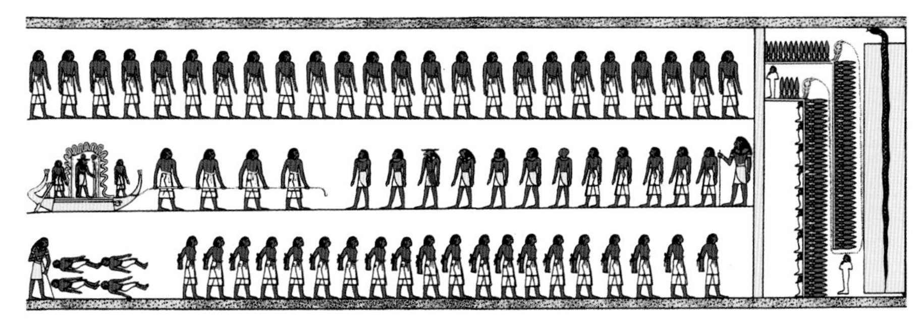

ー第２時間目ー
上段ではマアト（秩序、正義、真理）に忠実に暮らした人びとが、祝福されてマアトともにあります。中段では、最初の扉を通った太陽神の舟が入口の神々に迎えられています。
下段では杖に身体をあずけたアトゥム神が描かれています。アトゥムの役割は太陽神を助け、輝かせ、彼の魂を讃えることです。その前に４人の男が横たわっています。彼らは「自力で動けない者たち」とあり、世界を四分したもの、基本方位（東西南北）をあらわしているようで、立ち上がり、支えられることを望んでいる状態と考えられています。アトゥム神によって後ろ手に縛られている者たちは、敵対するものたちです。

左端は、前ページの第１時間目との間にある門。サァウト・セミィト（沙漠の墓地を守護するもの）という名のヘビが描かれています。そしてそこに書かれている文書の内容は以下のようです。

[この扉に彼は棲まう。彼は太陽神ラーのために扉を開ける。スィアはサウト・セミィト（沙漠の墓地を守護するもの）に言う「ラーのためにあなたの扉を開けよ。アケティ（地平線にあるもの）のためにあなたの扉を開けよ」。この神の姿が現れるまで、隠された領域が闇のなかにある。この神が入ると、この扉は閉じられる。沙漠の墓地にある人びとは、この扉が閉まるのを聞いて嘆き悲しむ。]

ー第３時間目ー
上段は祀堂のなかで死から目覚め、生命を吹き込まれたミイラ、そして善悪が混在した炎の湖です。湖は善人には食糧を与えてくれる場所ですが、悪人には業火となります。
中段の太陽神の舟はウシの飾りのある棹とともに大地の中心へと進んでいきます。その先には確実な再生の象徴である白い亜麻布で身を包んだ４人の人物が描かれています。
下段では、２組の九柱神に守護されたアトゥム神の前に魔物、大蛇アアペプ（アポピス）が現れた場面です。

※描かれる場所によって、壁画は左右反転しします。

[左]
セティ１世王墓

[右] ホルエムヘブ王墓

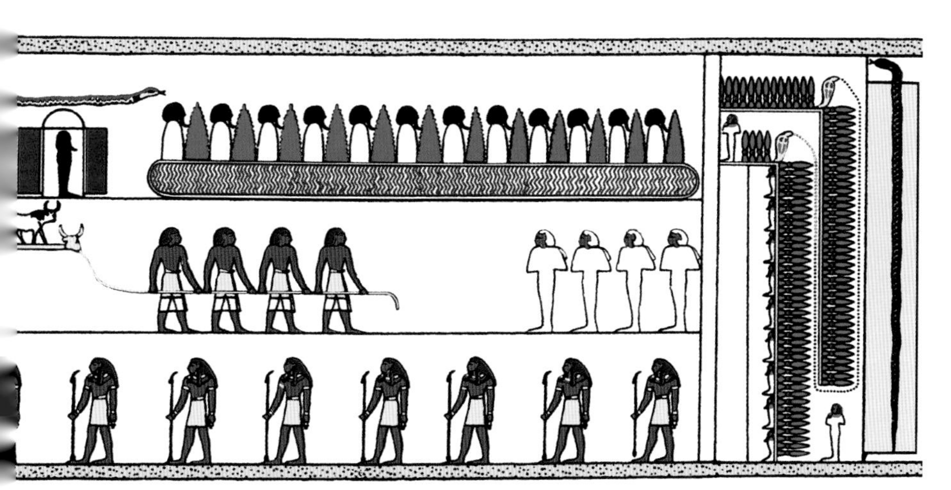

セティ1世王墓

ー第４時間目ー

上段ではヤマイヌとウラエウス（コブラ）に守られた2種類の水のある状態をあらわしています。それぞれ生命の湖です。

中段の太陽神の舟の前には、横たえられたミイラが収まった厨子があります。太陽神ラーは来世の死者への食糧の供給と復活に大きく影響しました。その先には坂道があらわされ、12人の時間を司る女神と幾重にもとぐろを巻く時間をあらわすヘビが描かれ、混沌とした時間の経過がイメージされています。

下段では、厨子のなかでヘビの背に立つオシリス神が、彼に随行する側近の守護神たちに囲まれて守られています。その先では、父オシリスを見守るハヤブサ頭の息子ホルス、第5時間目に向かうと、神に敵対する邪悪なものを完全に排除するための業火の穴もあります。この業火の穴が4つあるのは「東西南北」「諸方ですべて」「完全」を象徴しています。

セティ１世王墓

3段目のオシリス神

オシリス神の前後にはケンティ・アメンティウ「西方の第一人者（もっとも西にあるもの）」の称号が書かれています。
厨子の周囲の文字は、息子ホルスのオシリスに向けた言葉、ホルスがオシリスの敵を退治するものであるなどの説明がなされています。

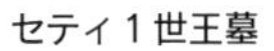
セティ1世王墓

―第５時間目―

上段では 12 の神聖な霊に耕作地があてがわれる準備が進んでいます。12 柱の神々が測量用の綱を持って進みます。
中段の太陽神の舟の前では、手を隠された 9 柱の神々が大蛇アアペプを拘束し、復活の邪魔をさせないようにしています。
そして下段では時間も与えられています。それは 12 柱の神々が「一生の時間」「生涯」を意味するヘビを抱えている姿であらわされています。その前は死者の魂バァ、ヘビの後ろはリビア人、ヌビア人、アジア人、エジプト人、それぞれ 4 人で当時の世界の人種全体をあらわしています。これらの人びとは来世でも存在すると考えられていたようで、これら異民族にも同じように加護が行き渡るように願われていたようです。

5 時間目が終わると、**オシリスの裁判の場**になります。このオシリスの法廷は特別で、門の書の中心的な役割を担っています。暗号的な書き方で第 5 時間目の文章に組み込まれ、6 つ目の門の前、太陽のミイラ（遺体）とバァ（魂）の合体の直前に記されています。
本来、オシリスの裁判は、来世へ復活するにあたって、死者がマアト（秩序、正義、真理）に忠

セティ１世王墓

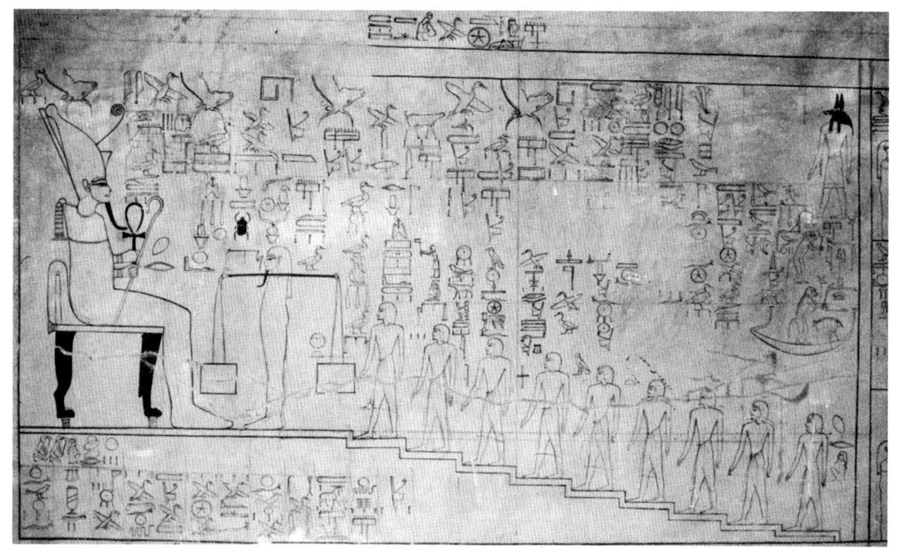

ホルエムヘブ王墓

実に生きた人物かどうかが審判されるという考え方で、これは身分に関係なく死後における最重要の儀式でした。しかし門の書では、裁かれるというよりも神にその人物（王）が誰であるかを認識してもらうという内容になっているようです。
オシリスの前には擬人化された天秤が立っています。「日のもとに現れる（ための書）」（死者の書）ではここに死者の心臓とマアトの羽根が描かれていますが、この天秤皿は空です。階段には9人の誠実な死者の姿があります。彼らの足下では、眼に見えていない敵が殲滅の場所に入れられます。
この場面の端では、まだ残っている邪悪な力はブタ（イノシシ？）の姿であらわされ、サルに打たれています。

オシレイオン（セティ1世葬祭殿、アビュドス）

ー第６時間目ー

冥界のもっとも深い時間になります。太陽神の肉体とバァ（魂）が合体する前兆が起こります。
中段には、少し広い間隔で手のない人の列があります。これは実は、見えない太陽神の肉体を運んでいる人びとをあらわしています。見えない肉体を運んでいるので、その彼らの手も見えないわけです。
その下では、バァと一体化し、復活するためにヘビの胴体のベッドに 12 体のミイラが横たわっています。太陽神の存亡にかかわる重要な儀式であるため、魔物アアペプに邪魔されるわけにはいきません。そのアアペプは距離をおくために上段にあらわされ、神々に拘束されています。すぐ後ろにはヘビを押さえつけるための刺股を持った神が続きます。アアペプの胴体からは飲み込まれた人の頭が現れ、解放される時が近い状態にあることが描かれています。そのすぐ前にはミイラの姿のアケン神のノドから、2 本のよじれた綱で時間があらわされています。3 段目の端には、丸い炎の湖で、なかにあらゆる敵に打ち勝つコブラが棲んでいます。

ホルエムヘブ王墓

セティ１世王墓

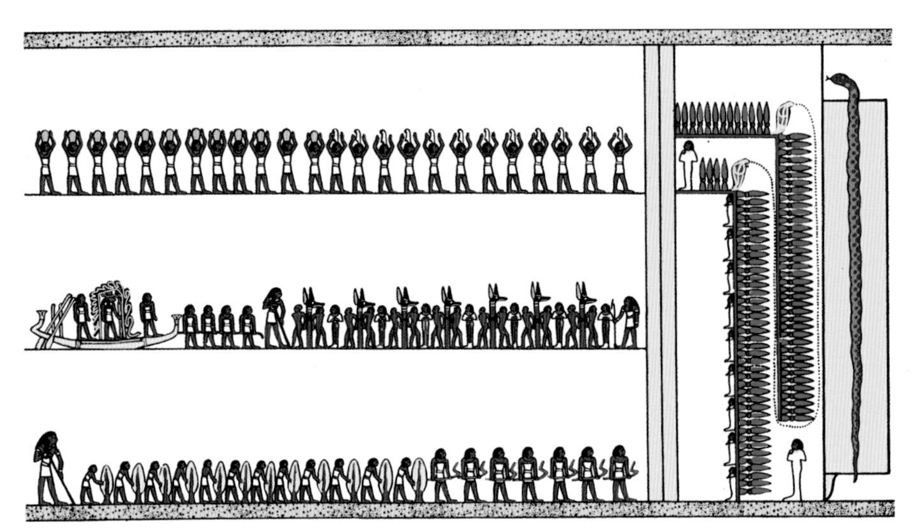

ー第７時間目ー

太陽神の舟の前では、復活を妨げる敵意のあるものたちを大地の神ゲブの杖（ヤマイヌの頭）にくくりつけて拘束しています。対して上段と下段は祝福された死者たちです。上段では山盛りの穀物とマアト（秩序、正義、真理）の羽根をいただいていて、豊かな暮らし、マアトのもとでの復活、秩序ある永遠の暮らしが約束されていることをあらわしています。下段でも大きな鎌、大きなムギの穂が与えられ、豊饒の世界に向かっているということなのでしょう。

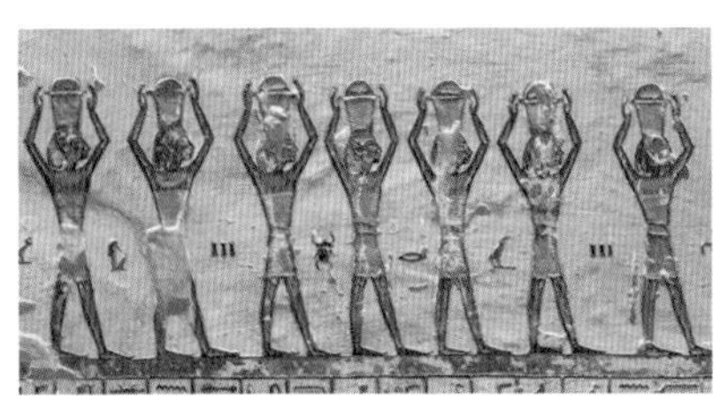

［上３点］穀物の籠、マアトの羽根をいただく人びと、ゲブ神の杖にくくりつけられた敵
ラメセス６世王墓

［左］実った大ムギを刈る人びと
オシレイオン（セティ１世葬祭殿、アビュドス）

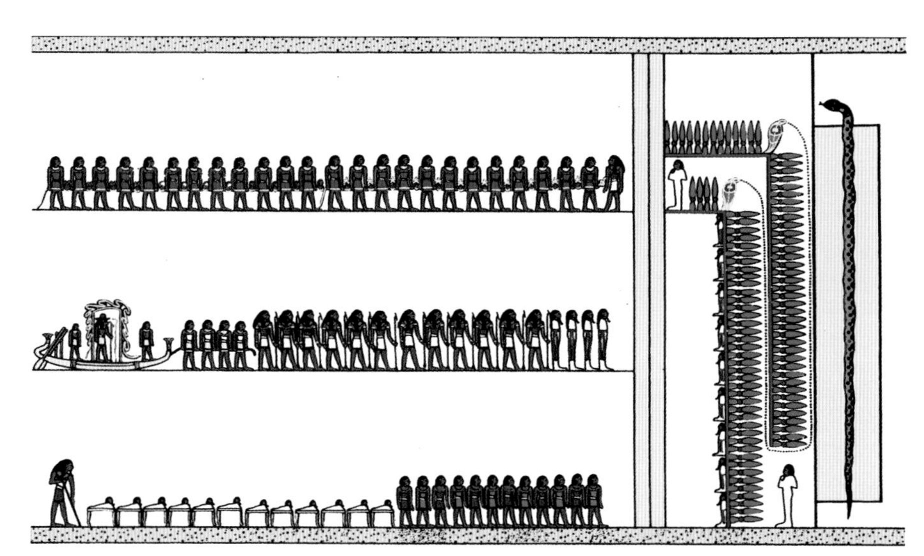

ー第 8 時間目ー

太陽神の舟の前には「西の供物の主人たち」が進みます。彼らは祝福され、死者たちに供物を配分し、邪悪なものを排除する役目を担っています。上段では第 6 時間目と同じく、時間の綱を持つ人びとが進みます。下段ではミイラがうつ伏せに向き直り、頭を起こして復活の準備に入っており、それを守護する人びとがあらわされています。

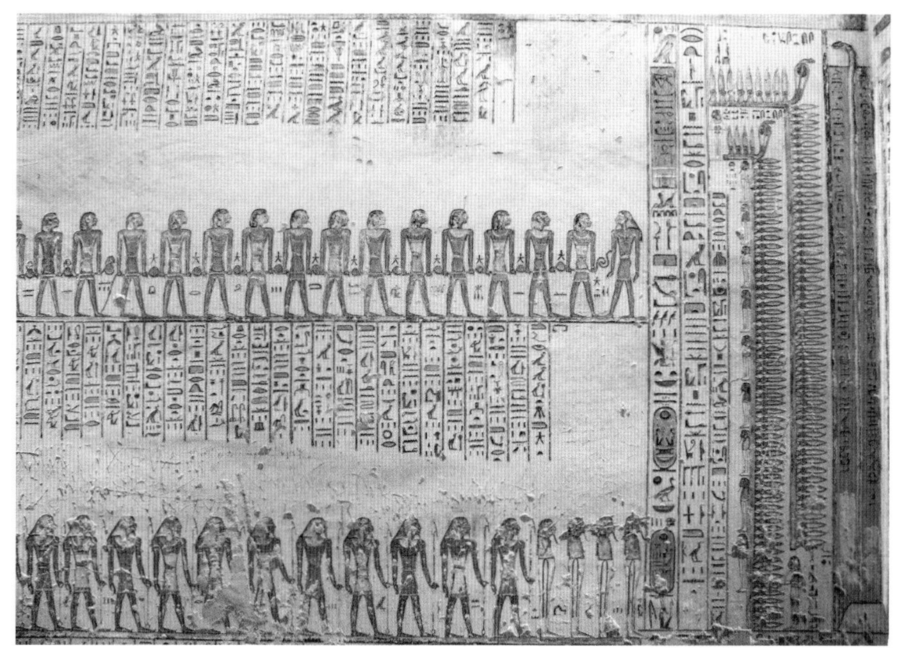

ラメセス 6 世王墓

ラメセス6世王墓の第9時間目、第10時間目（部分）

ー第９時間目ー

太陽神の舟の前にはアム・ドゥアトの10時間目と同じく、沈んだ者、転覆した者、漂う者、分散した者など、さまざまに水死した人びとがあらわされています。遺体は完全な形でミイラにされないと来世での復活がかなわないと考えられていましたが、流されるなどして傷ついたり、行方不明になるなどの被害を受けた人びとも善人ならば救われるのです。この水は原初の水ヌンとされ、この水から再生の力を授かって鼻で息をし、バァ（魂）は消滅することがないとされています。

上段では、鳥の姿のバァと、バァにパンや野菜を与える人びとが並びます。

下段では、ホルス神の息子たちが乗る「猛火のもの」という名の大蛇が登場し、それぞれ異なった縛られ方をした3組の敵に炎を吐きかけています。

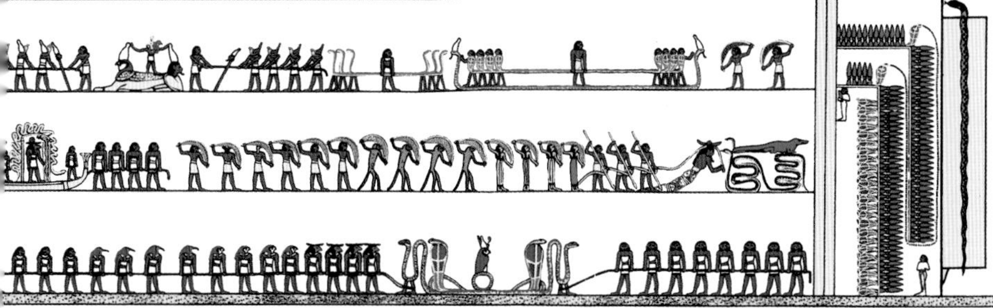

ー第 10 時間目ー
魔物である大蛇アアペプとの戦いがはじまります。太陽神の舟の前には魔法の力が入った網を持った神が並び、アアペプに投げかけて動きを制御しようとしています。古き者イアイ（大地の神ゲブ？）が拘束する綱を握っています。
上段では、グリフィンの姿で太陽神が出現しています。その右は、6 つの頭をもった「歩むもの」という名のヘビが冥界を歩くものの助けをしています。さらに、アアペプなどすべての敵をこらしめる大蛇がそこに加わっています。
下段では、延々と続く綱が人びとをつないでいます。中央では太陽がハヤブサの姿であらわされ「ケプリ（出現）」と名づけられています。太陽が天空に昇るイメージと考えられます。

大蛇アアペプとワニのシェスシェスとの闘いです。網を持ったもの、槍を持ったもの、その綱を握るイアイ神が対します。
ラメセス６世王墓

大蛇アアペプの動きを封じようと網を持って進むサル、人びとです。
ラメセス６世王墓

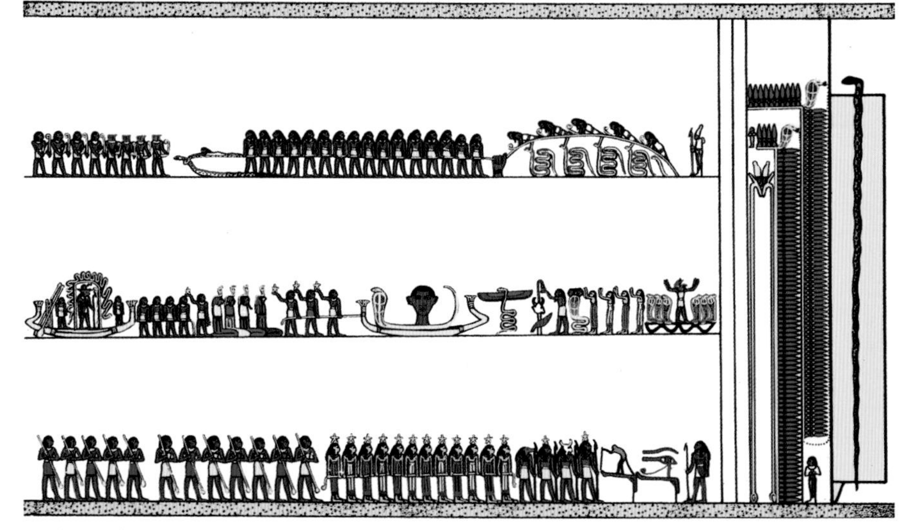

ー第 11 時間目ー

上段では魔物の大蛇アアペプは縛られ、バラバラにされます。アアペプ（アポピス）とその仲間のヘビを縛っている綱は深淵から現れた手でしっかりと握られ、確実に拘束されたことがあらわされています。
中段では、太陽神の舟が星に導かれて進みます。途中で星に手をのばす神々が牽く「太陽神の顔」を乗せた舟と出会います。顔はウラエウス（コブラ）とともにあります。これは神々の表情が見られるようにするためと考えられています。
下段では、パドルを持った神の漕ぎ手たちと、頭上に星をいただいた時間の女神が進みます。これは東の地平線に舟を押し上げるための力と時間の協力のあり方をあらわしています。

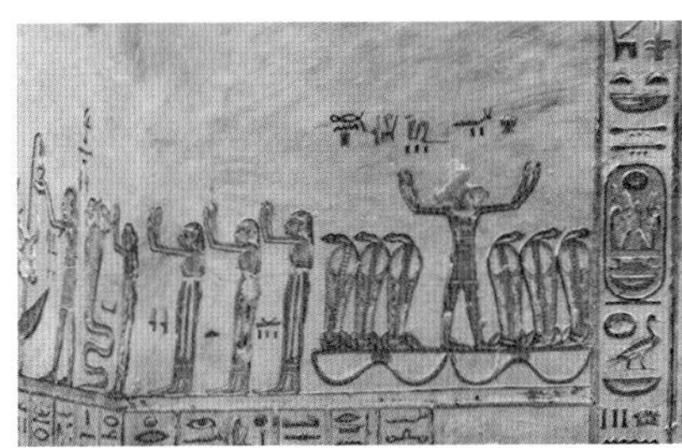

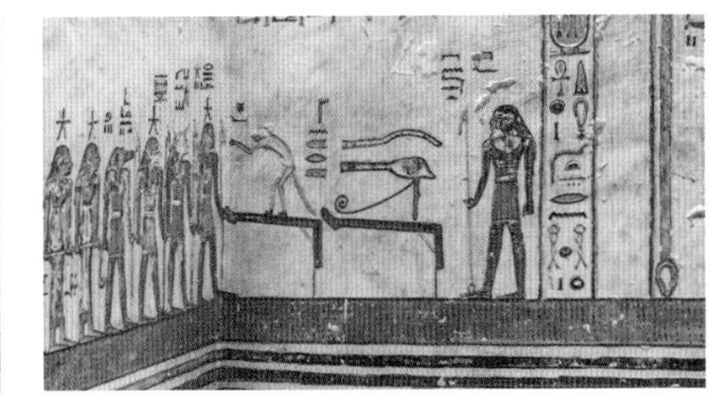

ラメセス 6 世王墓

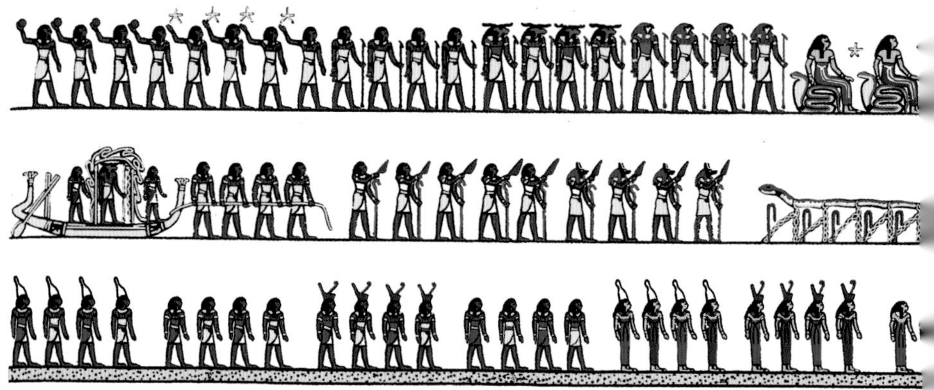

ー第 12 時間目ー

「謎の入口とともに」存在する門を通って太陽神が再生します。上段左端では「まぶしい光を運ぶ」4 柱の神々が太陽円盤を持ち、それを 4 柱の星々が先導します。子どもの太陽を囲む大蛇の上に座る 8 柱の女神の姿もあります。

中段では、アアペプが拘束されており、それをナイフと杖を持った神々が見張っています。その先では、4 頭のヒヒが東の地平線に太陽が出現することを高らかに宣言しています。

下段では、冥界を離れるにあたって白冠と赤冠をかぶった男女 4 人ずつ（力の象徴）、そして生まれたばかりの太陽を見守る 4 柱の女神、冥界に残るオシリスを嘆くものたち（前かがみの 4 人）があらわされています。門では、ウラエウス（コブラ）の姿のイシス（上）とネフティス（下）が守護しています。そして日の出の姿のスカラベになった太陽神の舟は原初の水ヌンに持ち上げられ、さらに上から天の女神ヌゥトに引き上げられて新たな天空の航海をはじめるのです。

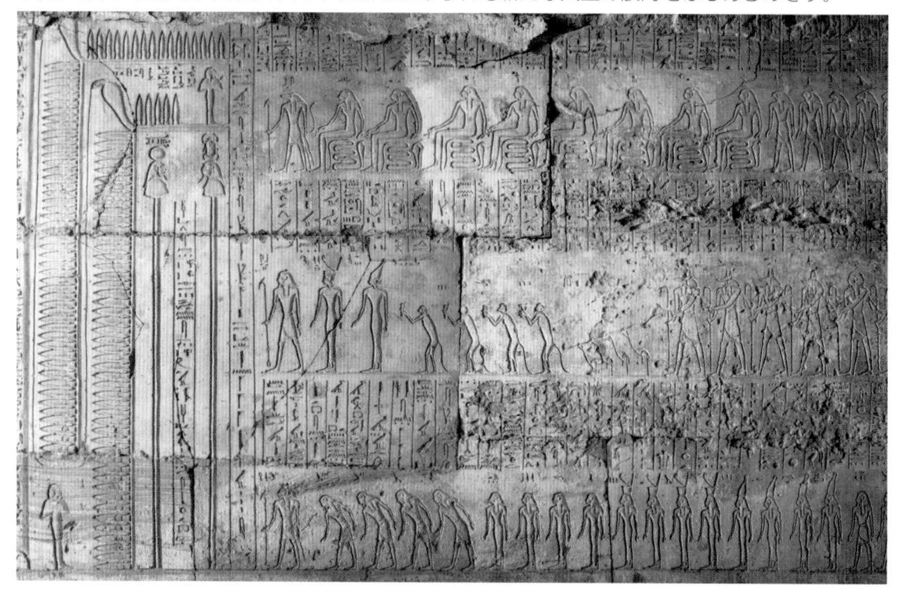

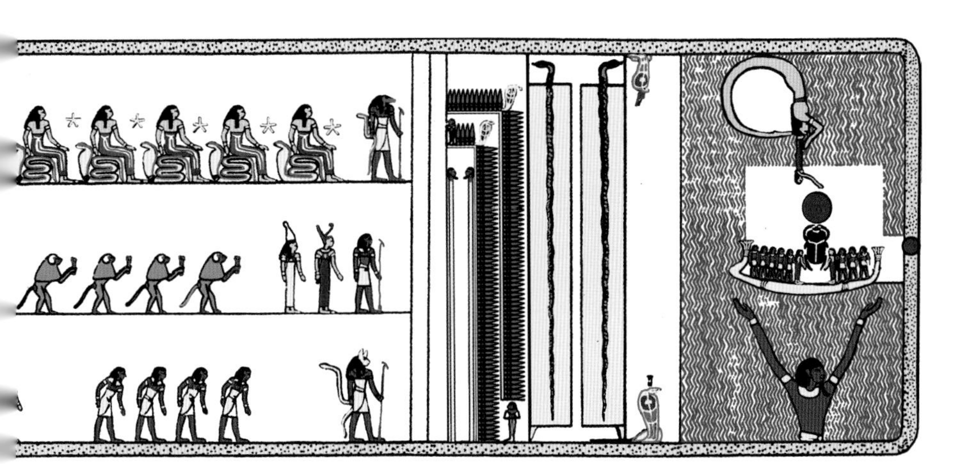

［上］セトナクト（セトネケト）王墓の未完成の壁画。壁面の都合で、レイアウトが変えられています。

［右］ラメセス６世王墓

［左］オシレイオン
（セティ１世葬祭殿、アビュドス）

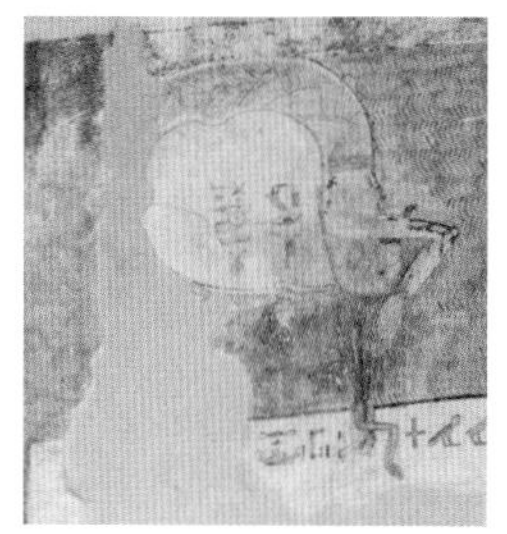

［上］聖船を引き上げるヌウト　**ラメセス６王墓**

［左］ラメセス６世王墓では、玄室の最奥部で、ふたたびこの場面が描かれ、復活への強い思いが感じられます。

［下］オシレイオン（セティ１世葬祭殿、アビュドス）

「門の書」第12時間目最終局面

①
ペケリィ
Pḫry
取り囲むもの

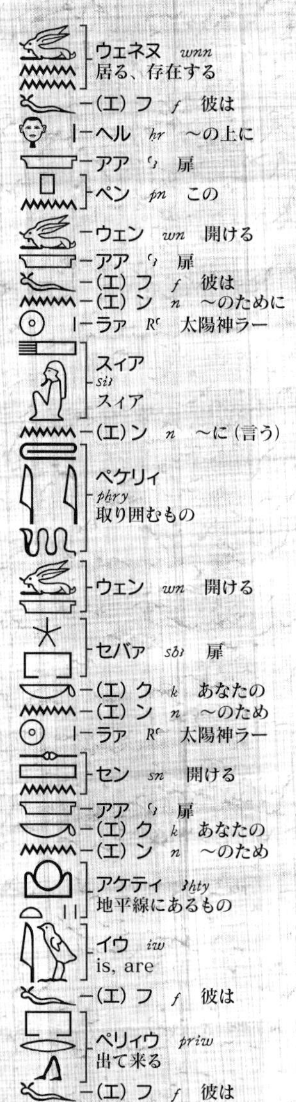

ウェネヌ wnn
居る、存在する
(エ) フ f 彼は
ヘル ḥr ～の上に
アア ꜥ3 扉
ペン pn この
ウェン wn 開ける
アア ꜥ3 扉
(エ) フ f 彼は
(エ) ン n ～のために
ラア Rꜥ 太陽神ラー
スィア
si3
スィア
(エ) ン n ～に (言う)
ペケリィ
pḫry
取り囲むもの
ウェン wn 開ける
セバァ sb3 扉
(エ) ク k あなたの
(エ) ン n ～のため
ラア Rꜥ 太陽神ラー
セン sn 開ける
アア ꜥ3 扉
(エ) ク k あなたの
(エ) ン n ～のため
アケティ 3ḫty 地平線にあるもの
イウ iw
is, are
(エ) フ f 彼は
ペリィウ priw
出て来る
(エ) フ f 彼は

(エ) ム m ～から
シェタァイト Št3yt
秘密という名の冥界
ヘテプ ḥtp
休息する
(エ) フ f 彼は
(エ) ム m ～のなかで
ケト ḫt 子宮
ヌウト Nwt ヌゥト女神
ケテム ḫtm
封印する
イン in ～によって
アア ꜥ3 扉
ペン pn この
フゥトケル
ḥwtḫr
泣き叫ぶ
バァウ
b3w
バァ (魂)
イミィウ
imyw
～にある人びと
アメネト
Imnt
西方
(エ) ム ケト
m ḫt
この後
ハアア
h33
閉じられる
アア ꜥ3 扉
ペン pn この

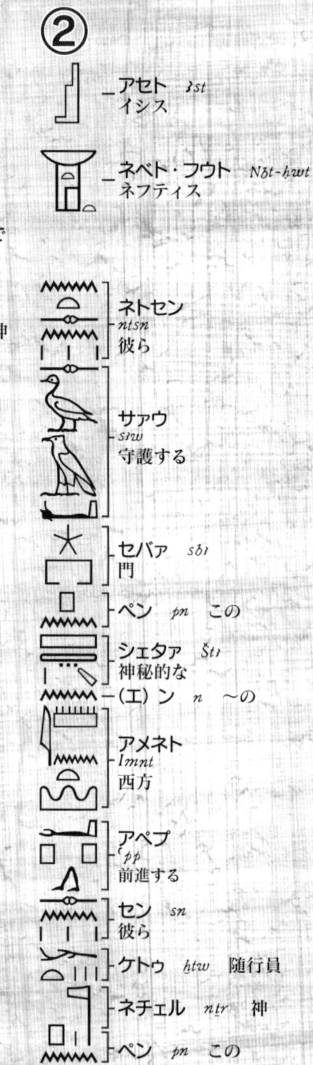

②
アセト 3st
イシス
ネベト・フウト Nbt-ḥwt
ネフティス
ネトセン
ntsn
彼ら
サァウ
s3w
守護する
セバァ sb3
門
ペン pn この
シェタァ Št3
神秘的な
(エ) ン n ～の
アメネト
Imnt
西方
アペプ
ꜥpp
前進する
セン sn
彼ら
ケトゥ ḫtw 随行員
ネチェル nṯr 神
ペン pn この

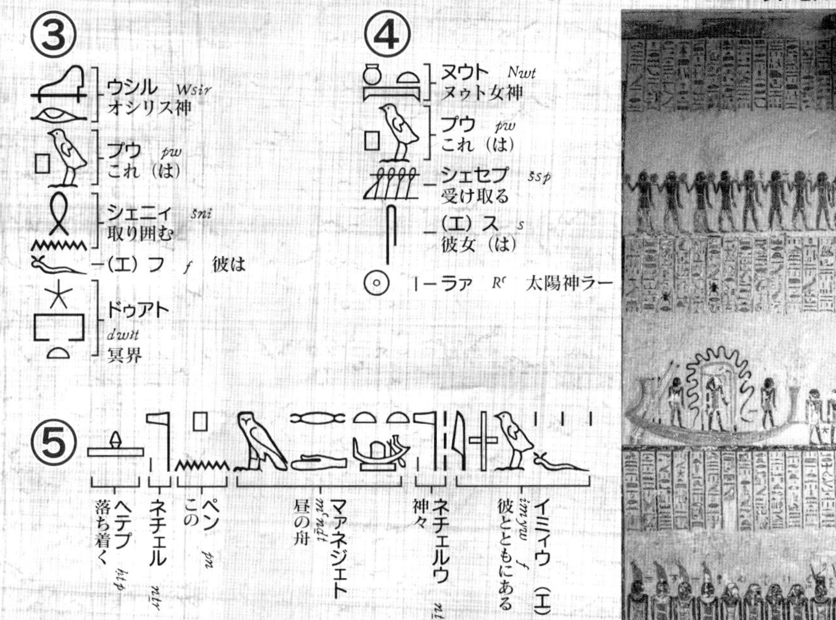

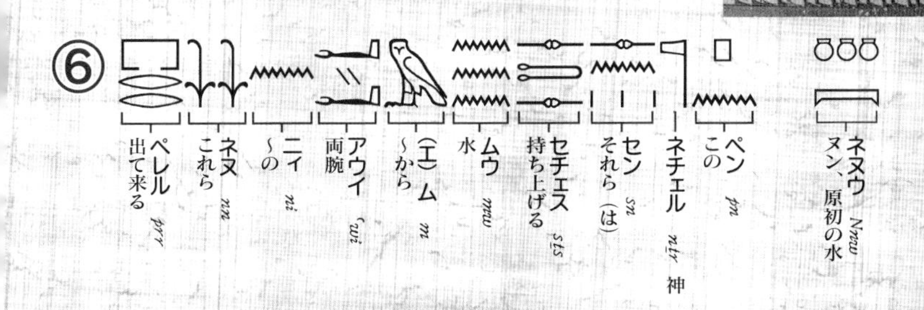

［意　味］

①ペケリィ（取り囲むもの）。彼はこの扉に棲まう。彼は太陽神ラーのために扉を開ける。スィアはペケリィに言う「ラーのためにあなたの扉を開けよ。アケティ（地平線にあるもの）のためにあなたの扉を開けよ」。彼はシェタアイト（秘密という名の冥界）から出て、天の女神ヌゥトの子宮のなかで休息をとるだろう。そしてこの扉で封鎖される。この扉が閉じられたあと、西方の地にある人びとのバァ（魂）は泣き叫ぶ。

②イシス、ネフティス（扉の上下で、コブラの姿で存在している）。西方の神秘的なこの門を守護するのは彼らである。彼らはこの神の随行員として進んで行く。

③これはオシリス神。彼は冥界を取り囲む。

④これは天の女神ヌゥト。彼女は太陽神ラーを受け取る。

⑤この神は彼とともにある神々とともに、昼の舟に乗って落ち着く。

⑥これら両腕は、水から出て来て、それらはこの神を持ち上げる。　原初の水ヌン

第６場
左手前のように、壁だけでなく、角柱にもびっしりとヒエログリフが書かれています。天井には星で時間を観測する正面を向いた天文官の姿も見えます（『ヒエログリフ文字手帳ー自然風土のめぐみ編』参照）。ラメセス６世王墓

「洞窟の書」とは、ヒエログリフでケレレト *krrt*（cavern）と記述があるために研究者の間での通称とされており、古代の名称は知られていません。日本語で「洞窟」と訳すことも英語の研究書に The Book of Cavern とあるからで、果たしてこの訳で適しているでしょうか？壁画を見ていただければ、そこにあらわされているものが、ほらあな状の「洞窟」という言葉のイメージからはかけ離れていることがわかります。cave ではないのです。「冥界の空間」「地下の間」「冥界の区域（囲まれた場所）」をイメージしていただいたほうが近いと思います。

この葬祭文書を最初に訳したのは、1822 年にヒエログリフを解読したシャンポリオン（1790 年～ 1832 年）でした。本書で写真を掲載しているラメセス 6 世の王墓のテキストです。しかし「洞窟の書」に他の研究者が関心が寄せるようになったのは、アビュドスのオシレイオン（1902 ～ 1903 年発掘）でこの文書のほぼ完全な状態のものが発見されて以降、20 世紀半ばになってからのことでした。

この葬祭文書は左ページの写真のように文書が主で、わずかな挿絵の隙間をも埋めるようにして文字が書かれています。特徴はこれまでに紹介した「アム・ドゥアト」や「門の書」のように夜の時間を意識したものではなく、冥界を航海すると考えられていた太陽神の舟も最後の場面にしか出てきません。太陽神は場面ごとに太陽円盤の形であらわされ、冥界に特化して「あの世」のこと、そこから太陽が復活するようすを説明しようとしている内容です。難解なところは、太陽神ラーとオシリスが、ときに同じものとして語られることがある点でしょうか。

[右] 第６場の一部⑧
ここだけで、３つのケレレト（洞窟）の文字が見えます。**ラメセス６世王墓**

[洞窟の書の線画] Daniel A. Werning “Das Hohlenbuch”, 2011 より

ラメセス９世王墓の第１場 ①〜⑥

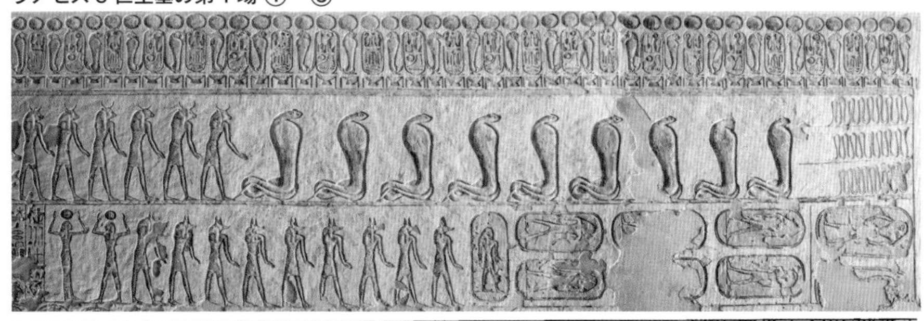

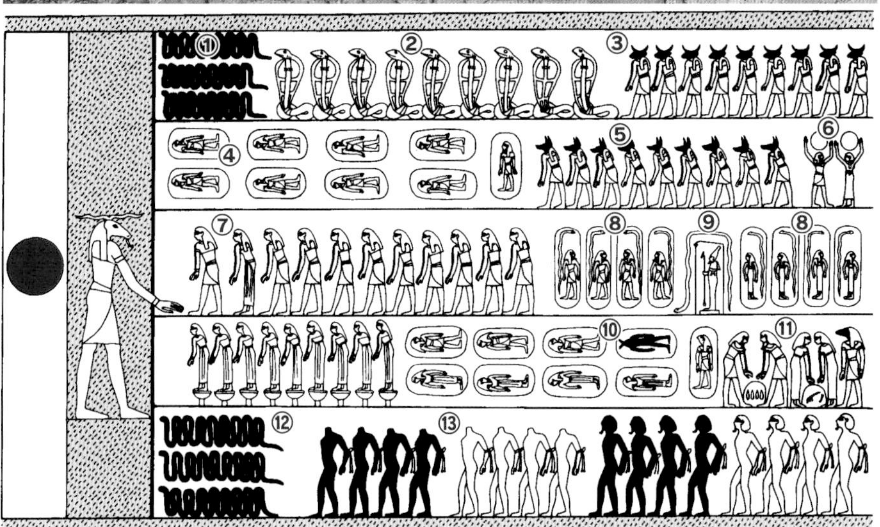

ー第１場ー

はじまりは、一線を画したように円盤状の太陽とバァ（魂）の姿である羊頭の夜の太陽神ラーがあり、冥界を見下ろしているようです。「天にあるもの」とされています。そこに向かう太陽神の使命は冥界の神オシリスを守護し、助けることにあります。

5つに区割りされたこの第１場では、太陽神ラーがグループそれぞれの性質や役割を説明するような文章が添えられています。

冥界のはじまりでは3匹のヘビ①が入り口を守っています。そこに守護の力を持つウラエウス（コブラ）②、西の神③が続きます。

2段目はオシリスに受け入れられた恵まれた死者たちが安らかに石棺に収まっています④。続くヤマイヌ頭の者たちは腐敗から死者を守る役割があります⑤。うしろの2人は死者の傷から出る排泄物が球状になったものを持っています⑥。

中央の段では手を下に伸ばして従う姿勢の者たちがいます⑦。ヘビに守護されて石棺に収まっている死者たち⑧の中央に、同じくヘビに守護された祀堂のなかに立つオシリス⑨が描かれています。

4段目は冥界に降り立った女神たちと石棺で休んでいる者たちです。8つの石棺のなかのひとつにはナマズ頭のものがあります⑩（ナマズはセト神にバラバラにされたオシリスの肉体の一部を食べた魚として神聖視され、オシリスの化身のひとつとされていました）。ここには光ももたらされます。冥界のうしろでは西方の神、イシス女神、ネフティス女神が球体状のもののなかにあるオシリスの肉体の文字（右）に手をかざし、守護しています⑪。

下段では、ふたたび3匹のヘビが守護しています⑫。続いて首をはねられたオシリスの敵が並んでいます⑬。彼らに対してラーが「存在してはならないもの」と忌避する言葉を向け、彼らは「殲滅の場所＝地獄」で処罰されるとしています。

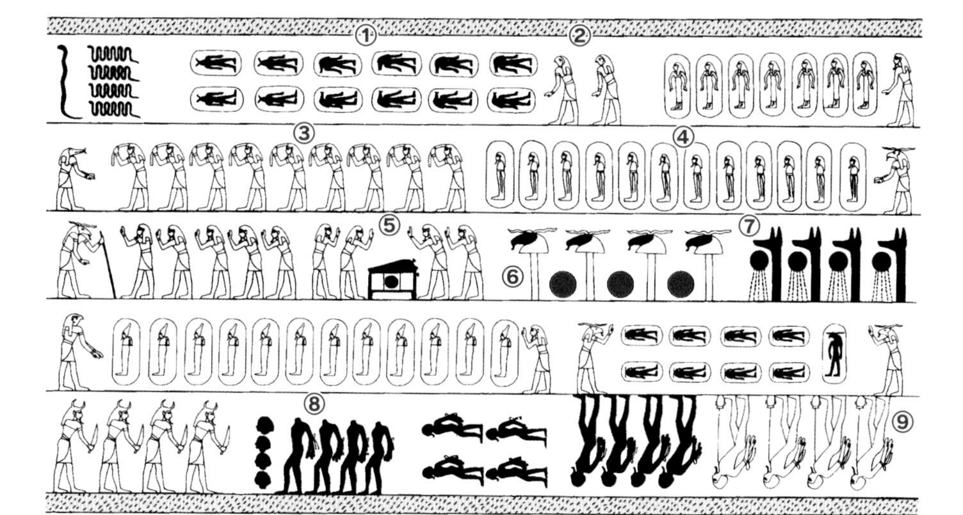

ー第２場ー

第２場のはじめでも太陽神はヘビに守られた区域に入ります。石棺のなかにはナマズの姿のオシリスも見られます①。太陽神はこれら石棺で安らいでいる神々、女神たちの棺に手をかざすのです②。

2段目で、彼は2番目の登録簿で長い髪を主張するなど③、さまざま形態、性質のオシリスに対します。ラー神は彼らに光を与えると言い、彼らには「腕を広げて、私を受け取ってください」と願うなどをしています。石棺にあるものたち④は若返り、活力を得て満足しています。

3段目でもラーとオシリスが出会います。太陽神を拝するさまざまなオシリスの形態に光を与え、喜びをさずけます。心が入った秘密の箱を守護する者たちがあります⑤。そしてこの区域を通過するとき、オシリスはその身体を変化させることもありますが、太陽神の頭と首⑥、ヤマイヌの首⑦はそれを守護しています。

4段目もまたさまざまな形態のオシリスとの出会いです。そのオシリスに仕える者たちもあります。ここをスムーズに通過するための秘密の名前も知る手助けをするのです。

最下段には、ふたたび縛られて斬首されたオシリスの敵があります⑧。うしろのほうには、復活に必要な、人格でもある心臓が引き裂かれ、逆さにぶら下げて描かれています⑨。またしても、ラーが「存在してはならないもの」と忌避する言葉を向け、彼らは「殲滅の場所＝地獄」で処罰されるとしています。

そして次に、オシリスはラーによって「大地の神アケルの区域」に入るとされています。

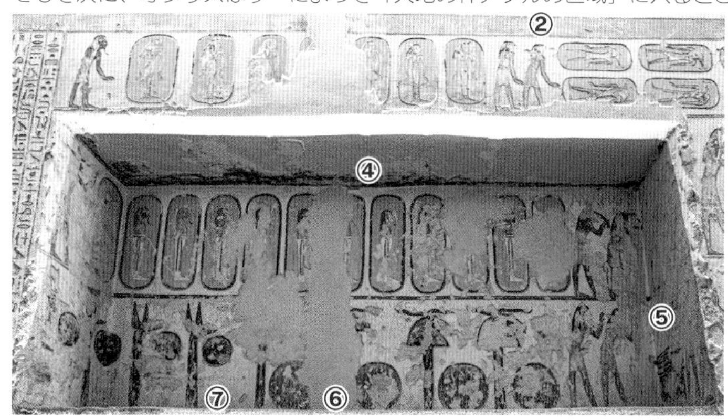

ラメセス６世王墓の第２場

[洞窟の書の線画] Daniel A. Werning “Das Höhlenbuch”, 2011 より

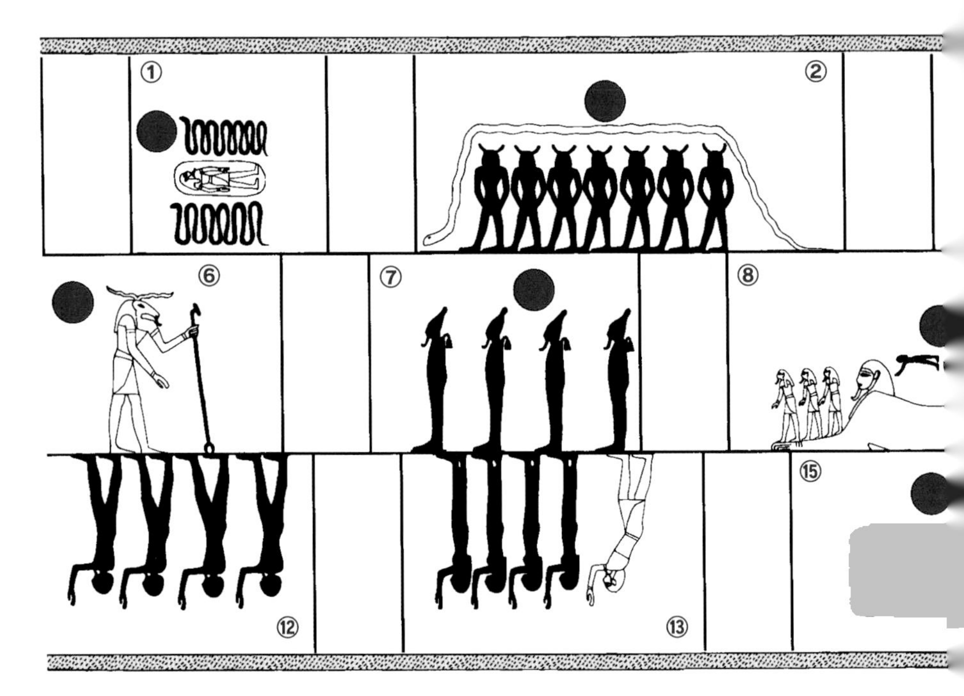

ー第３場ー

「大地の神アケルが存在する区域」です。太陽神ラーは大地の神アケル（スフィンクスの前半分をつなぎ合わせた姿の神）が存在する区域に入ってきました。ラーはこの区域の中心にあらわされているアケルの真下に、ヘビに囲まれて横たわるオシリスの遺体を見ます。
オシリスは石棺に収まり、死んだ王として描かれています。これをヘビが守護しています①。
ナマズ姿の人物がヘビに守護されて立っています②。彼らはアケルを助ける役割を担っています。大地と水域の最も深く、最も暗い地域の象徴でもあります。
種類の異なるヒツジ（バァとセテル）の姿をした太陽神が２つの丘の中にうつ伏せの姿勢で横たわっています。ここを通る者に光をもたらします③。
左から太陽円盤をともなった「沈黙の王国」とされる男性、「神の王国」の女性、「崩壊の主」の

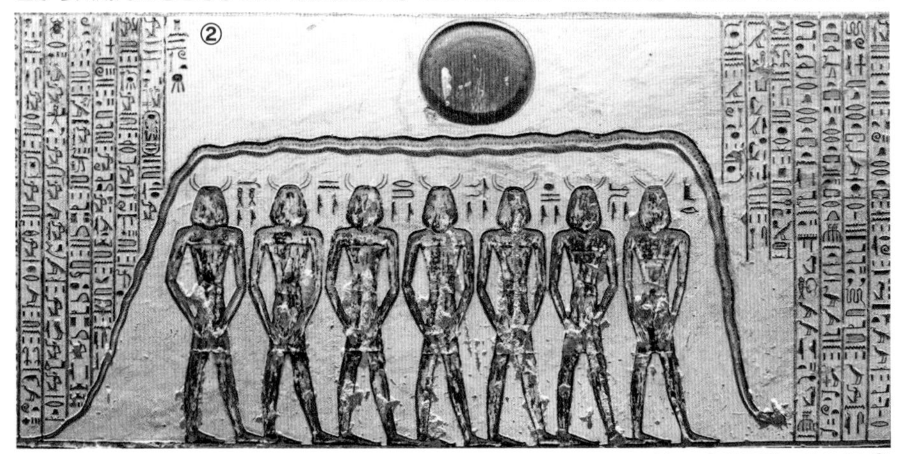

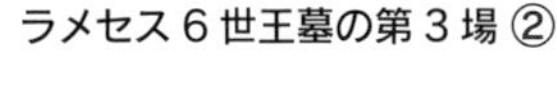
ラメセス６世王墓の第３場 ②

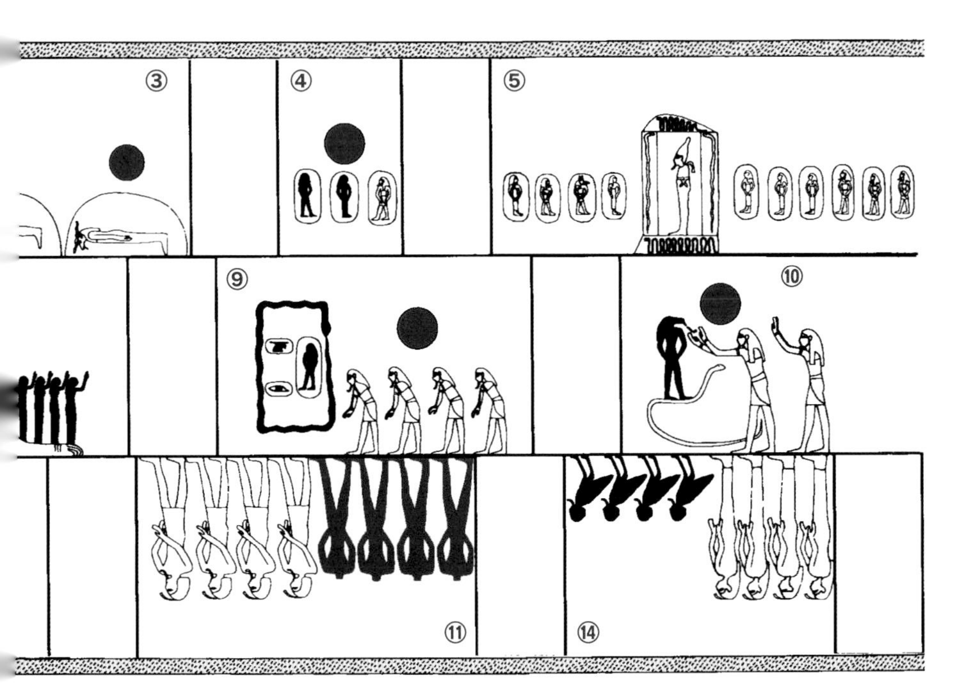

ラメセス６世王墓の第３場 ⑤、⑩

男性が収まった石棺があります④。
第１場と同じく、ヘビ（メヘン）に守護された祀堂のなかに立つオシリスがあります⑤。西方の第一人者（ケンティ・アメンティウ）であるオシリスは西方にある者たちに指示する立場にあり、アヌビスなど、それぞれこの区域の規律を正す神々、女神が石棺に収まっています。
杖をつく年配者の姿の太陽神ラーが助けを求めるように手を差し出しています⑥。ラーの光にも衰えが見られるようになってきました。ラーは４つの形態のオシリス⑦に対し、「西方の主」と

ラメセス６世王墓の第３場 ⑧

してそれぞれの役割に最大の敬意を表します。
この第3場のもっとも重要な場面です。スフィンクス姿のアケルが9柱の神に囲まれ、守護されています⑧。スフィンクスの上にはゲブとケプリ（石棺に収まった）があり、前脚はアトゥムと冥界の2神、右側はテフネト、ヌゥト、イシス、ネフティスです。その下でオシリスがヘビに守護されて横たわっています。ラーはここを通ることでオシリスを暗闇から解放するのです。
オシリス、ラーの羊頭と眼が石棺に収まっています⑨。ここは自身の尾を噛むヘビ（ウロボロス）に囲まれており、ラーとオシリスが同じものであることを強調しているでしょう。
ヘビの囲いが解かれるとオシリスは「2人になった者」「2人のカァ（魂）になった者」となり、太陽と分離してあらわされています⑩。

最下段の両側には、ふたたび地獄にある者たちがあります。冥界の「敵」はすべて逆さまになっており、一部の者は首を切られています⑪。左のほうで礼拝の姿勢をとる者たちは慈悲を訴えています⑫。女性の姿の敵も見られます⑬。
彼らの魂である鳥の姿のバァさえも逆さにされ⑭、罰せられるのです。
オシリスの遺体も同じ場所にありますが、彼はヘビと太陽円盤に守られているわけです⑮。

ラメセス６世王墓の第３場 ③

ラメセス９世王墓の第４場

ー第４場ー

あらためて太陽円盤と羊頭の太陽神が登場し、後半があらわされていきます。間には「偉大なもの」とされるヘビが直立した姿であらわされています。
冒頭のヒエログリフのテキストは、太陽神が暗闇の領域に光をもたらせるとして賞讃しています。それが中段の最初で、太陽の美しさを3人の者が讃美しています①。ラーはオシリス、オシリスを信奉する者たちを前に多くの誓い、約束をします。
1段目では、オシリスを復活させるために、妻のイシス女神と妹のネフティス女神が彼の身体を持ち上げます②。次に息子のホルスとアヌビスがオシリスに世話、手当をおこないます③。3つ目は西方の牡ウシに変身したホルスが、石棺に収まっているエジプト・マングース（イクネウモン）、動きを止めて安らいでいる心臓を賞讃しています④。
2段目の中央は、石棺に収まり、ヘビに守護された二種類のオシリスに息子のホルス⑤が、オシリスとベヌウ（アオサギ）の姿のオシリスの魂バァにアヌビス⑥が、それぞれに手をかざし、守護しています。
下段は地獄のようすです。逆さになっている敵に、ミウティ（ネコ姿の者）が罰を与えます⑦。敵はミウティから逃れることはできません。次は牝ライオンの頭のセクメト女神、そして女神が横になった守護の役目の側近に手をかざしています⑧。そしてまた逆さになった敵たちです⑨。彼らはラーについて聞くことも見ることもできない、魂を奪われた者たちです。

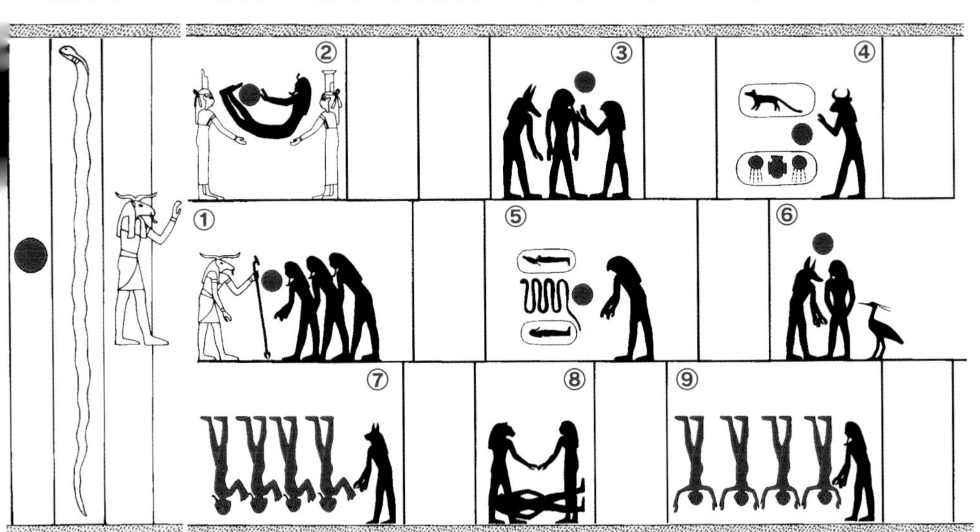

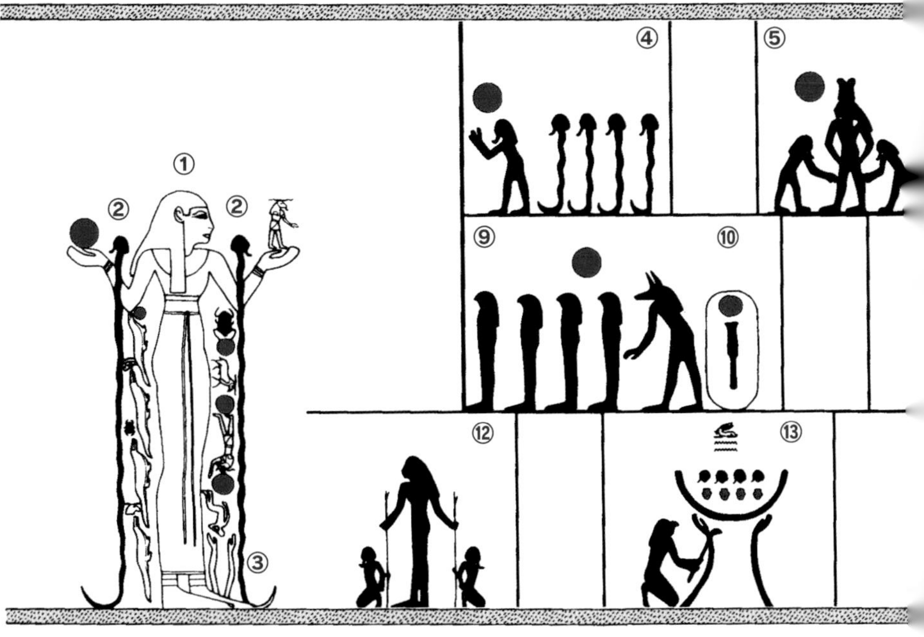

ー第５場ー（次ページの写真を参照）

タァチェネンが登場します。古くはメンフィスの大地の神で、神々の父、太陽に活力を与える神として信じられてきました。多くの区域で太陽が光をもたらせます。

冒頭の印象的な女性は天の女神ヌゥトです①。「神秘的なもの」との記述があるように彼女は神秘的な姿をしています。まず、彼女は円盤状の太陽と魂バァの姿の太陽神を手のひらに置いています。彼女の両脇にはあごひげをはやした人頭のヘビが立ち②、上から太陽円盤を押すスカラベ、牡ヒツジ、羊頭のラー、幼児が、背側では下から牡ヒツジの頭、スカラベ、ウジャトの眼、太陽円盤を押すワニという、太陽の運行のモチーフに囲まれています。彼女の足元からは大地の神として幼児の太陽を受け取るための両腕が伸びています③。

ヌゥト女神の前には3段の区域が描かれています。

最初はオシリス神です。立ち上がった4匹の人頭のヘビをともない、太陽神ラーに礼拝の姿勢をとっています④。次は死者の姿のアトゥムとケプリがタァチェネンを支えている場面が見られます⑤。その右では2体の幼児の姿のラー⑥とオシリスが石棺に収まっています⑦。これらに手をかざす神が描かれています⑧。

中段ではホルスの姿の4神が立っています⑨。彼らにはラー、アトゥム、ケプリ、オシリスの最初の子供としてのホルスというように神性が秘められています。彼らをアヌビスが背後から助けます。そのうしろにアトゥム神の権力の笏が石棺におさめられ⑩、太陽神の創造力が表現されています。

最後に、石棺の中に4人の未知の女神が横になっています⑪。

下段は、地獄です。女神が持った2本の杖にはこれから罰せられる囚人が結わえられています⑫。続く2つは大釜での刑に処せられている敵のようすがあらわされています。殲滅の場所から出た両腕が大釜を支えています。ひとつは彼らの頭と心臓（復活に必要で、心、人格と考えていました）⑬、もうひとつは斬首され、拘束された身体が逆さに入れられています⑭。釜の火元ではウラエウス（コブラ）も火を吐き、地獄の業火を煽っています。

第５場は、途中でバァのしるしである鳥を頭上にいただいたオシリスの姿で分けられています⑮。彼の前にはヘビが立って守護しています。
背後の上段では、オシリスの「肉体、部位」を意味するヒエログリフが収められた石棺を、擬人化された太陽神ラーの光と声が手厚く世話をしています⑯。
２段目では、女神タァイト（大地に住むもの）が太陽神に挨拶をしています⑰。続いてオシリスとホルスが太陽神の象徴としての羊頭を間に置いて太陽を崇めています⑱。
下段の大釜にはラーとオシリスの敵の肉体（右）、魂バァ（鳥の姿）、シュウト（影）を意味する文字が入れられています⑲。
ここでも、殲滅の場所の両腕が大釜を支えています。古代エジプト人には影もまた魂、人格のひとつ、重要な存在要素のひとつなのです。ゆえに影も罰せられるのです。

第５場と第６場の間には、13の連祷からなる長い文書が書かれています。ここで太陽神は「名前が隠されている彼、オシリス」として、第５場で描かれた彼の敵を含むすべての登場者に言及しています。

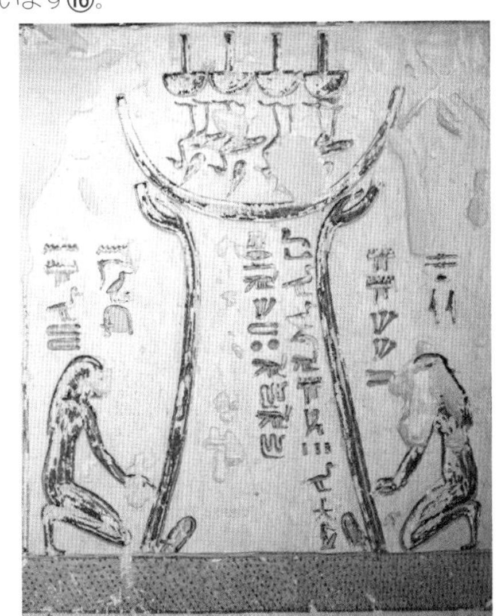

ラメセス６世王墓の第５場 ⑲

ラメセス６世王墓の第５場 ①～⑯、⑱

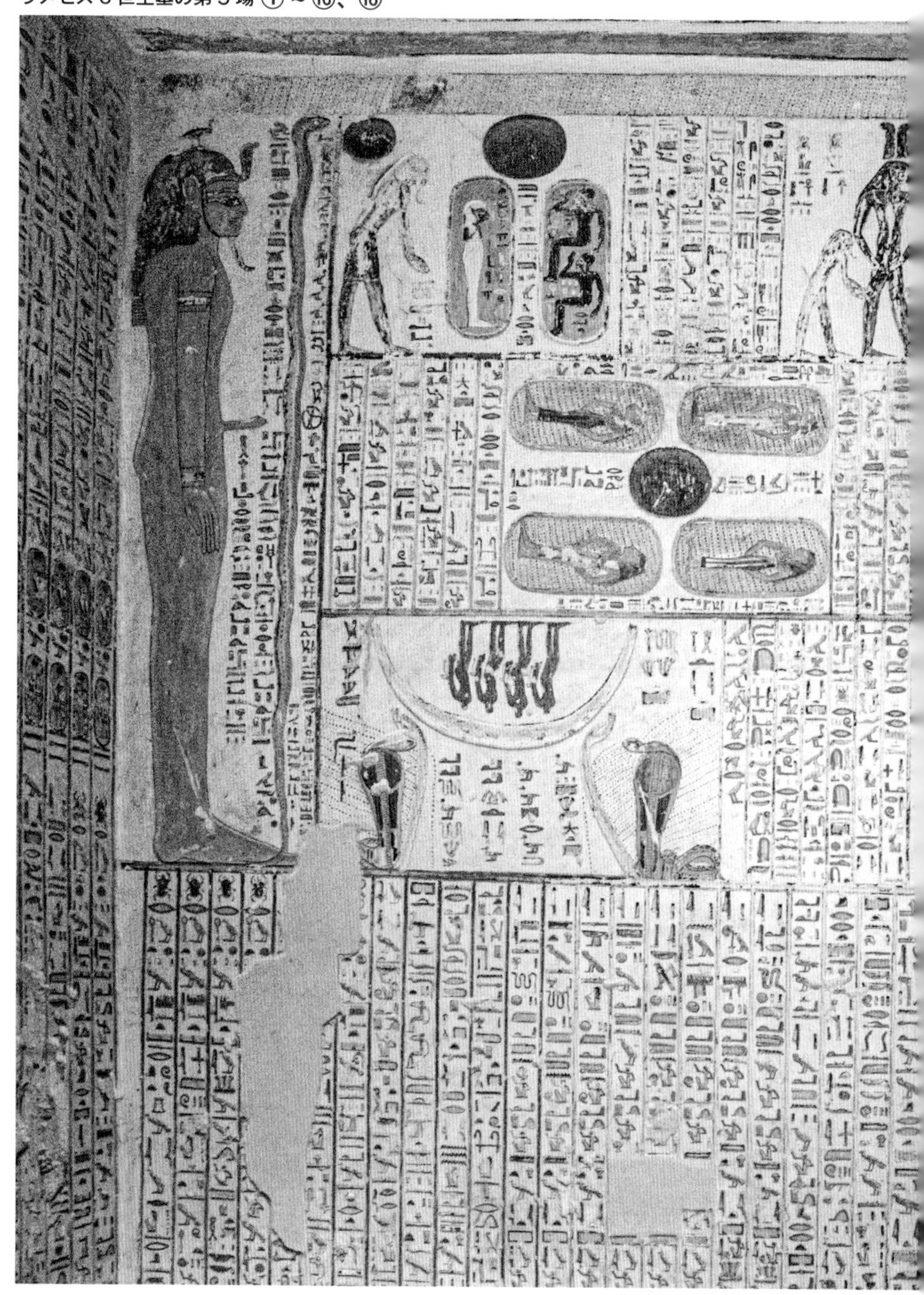

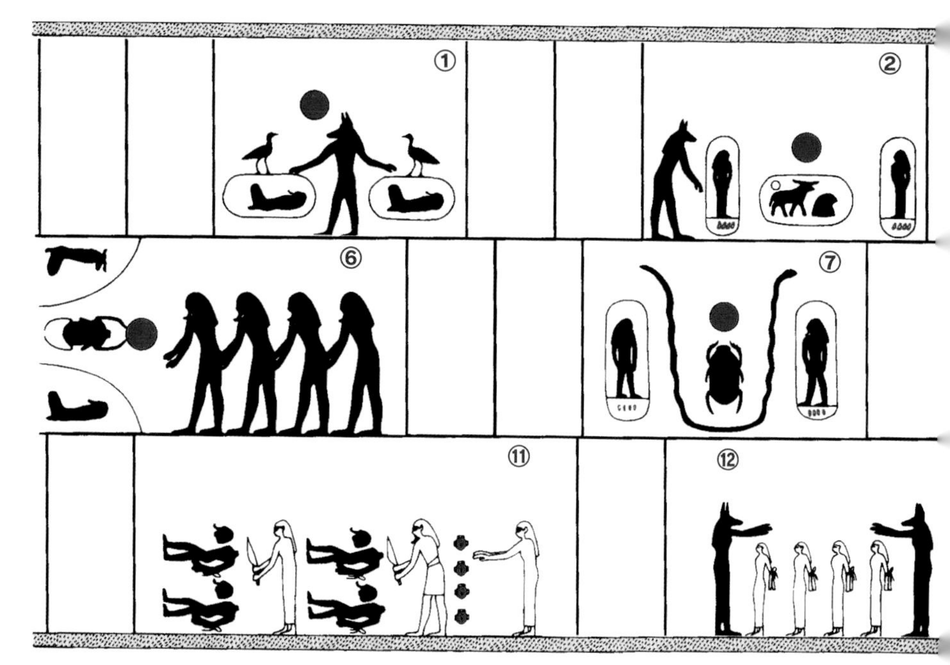

ー第６場ー（78 ページの写真を参照）

最初の場面は「大地にある者」の身体が入った石棺を、葬儀やミイラ作りの神アヌビスが運んでいます①。続いて「肉体」を意味する文字（右）をともなう女神が棺に収まっており、その間に太陽神ラーである牡ヒツジ（魂バァ）とハヤブサの頭部が納められた石棺があります。それらにアヌビスが手をかざしています②。

3 つめの区域では、「冥界にある者」の石棺と、スカラベ（日の出の太陽）、牡ヒツジ（冥界の太陽神）の頭部が入った石棺を女神たちが見守っています③。

最後の場面は、後ろ手に縛られ、首を切り落とされた者の塚の上にオシリス・オリオンが立って頭を下げています④。そのうしろでは、肉体が埋められた塚にとまるハヤブサ、ホルス神を讃える神があらわされています⑤。ホルス神の失われた眼の回復（セト神との闘いで失った片眼）、光を与えるなどしてオシリスはホルス（中にいる太陽神）を守るために存在しています。

中段の最初は日の出前、「西の 2 つの神秘的な地下空間 (日の出の山)」から太陽円盤を押すスカラベが描かれています。2 つの空間にはオシリスと太陽神ラー（牡ヒツジ、バァの姿）があり、4 神が彼らを迎えます。ここのテキストでは、スカラベが先導している神々の再生があらわされています⑥。

次は大きなヘビに囲まれたスカラベです。まだ邪悪なヘビの最終的な脅威が残っているのです。それを冥界にある 2 柱の経験豊かな偉

ラメセス６世王墓の第６場 ⑦

大な神が切り刻み、呪文をかけることで退治されます⑦。このヘビが悪意を持っているとみなされている間、別の区域ではタァチェネンの墓の脇で牡ヒツジの頭の太陽神が塚から再生するようすが見られます⑧。
4番目のシーンでは、石棺に収まった2柱のハヤブサ頭の神（ホルス神の変容）が太陽神に遭遇し、恩恵をいただきます⑨。そして次に、太陽神は石棺に収まった頭のないいくつかの神々と出会います⑩。太陽神の創造力で彼らの頭を回復させるのです。

最下段は地獄で罰を受ける人びとのようすです。
最初は女神も加わってナイフで首を切り落とされています。添えられた文章では彼らの魂バァ、影シュウトも罰せられるとされています⑪。
次はヤマイヌ頭の女性の姿の処刑者と4人の女性です。彼女たちは殲滅の場所へ送られ、もはや逃げ道がないことが記されています⑫。
3つ目は首を切り離された者たちに手をかざして守る男女の神が描かれています⑬。
そして最後は、殲滅の場所に棲む巨大なヘビとそこへ投げ込まれる人びとがあるなか、オシリスがその深淵から立ち上がっています⑭。

ラメセス6世王墓の第6場 ⑫

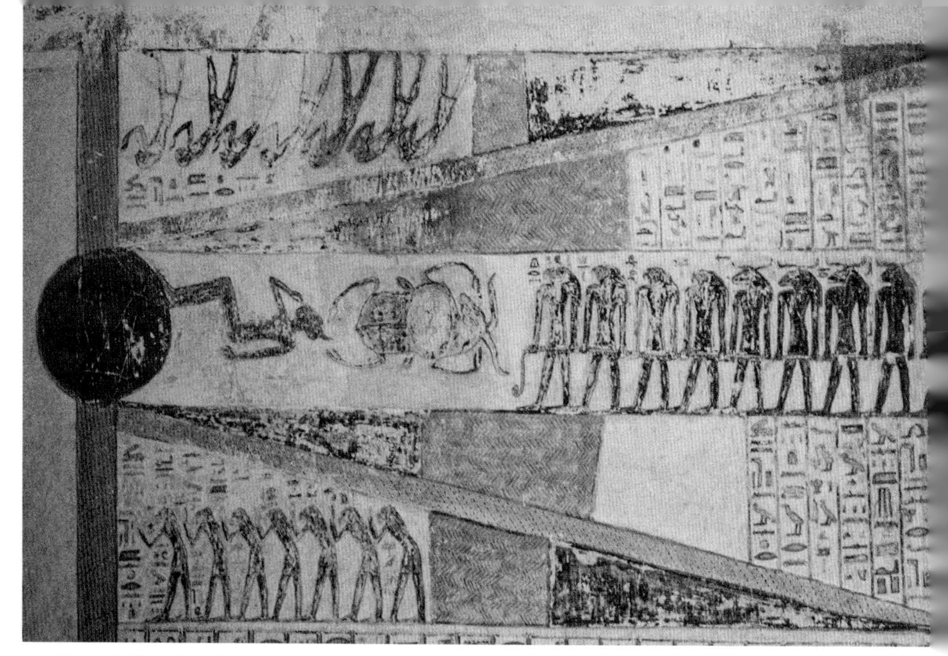

ラメセス６世王墓の第６場最終　前ページの６場の場面から、太陽が地平線にあらわれるまでの最終局面があらわされています。

タァウセレト王妃墓の第６場　大きく翼を広げた羊頭の太陽神が描かれた上に、下から上に向かって第６場の最終局面が描かれています。メルエンプタハ王墓の玄室でも見ることができます。

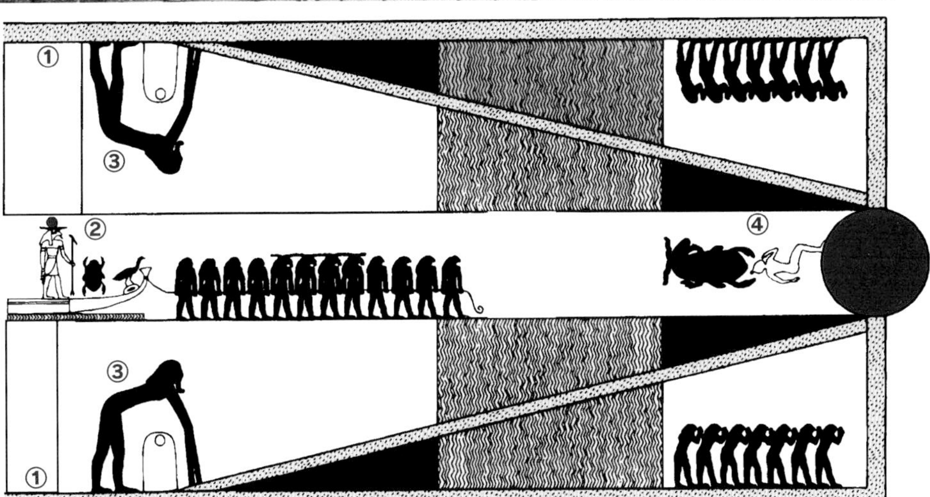

ー第６場最終ー

沙漠①の間から、日の出の太陽の姿であるスカラベ、夜の牡ヒツジ（バァ）の頭の太陽神が、12柱の神に牽かれた太陽神の舟②で現れます。
その上下で、日の出にのぞむにあたって、眼についてはならない冥界の穢れたものを覆い隠す神③があります。

冥界の太陽神の舟はまだその全容を見ることができません。半分を描かないことが冥界から現世へ、東の山から太陽神が再生するイメージです。舟が進む先では、牡ヒツジ、スカラベ、幼児と太陽が変容し、太陽円盤として輝くのです。④
地平線の近くでは、三角形になる特徴的な道筋が描かれています。黒い部分は冥界の端で、そこにあらゆるものの生命を育む原初の水域があります。

大地の書［アケルの書］

ラメセス６世王墓の第１場

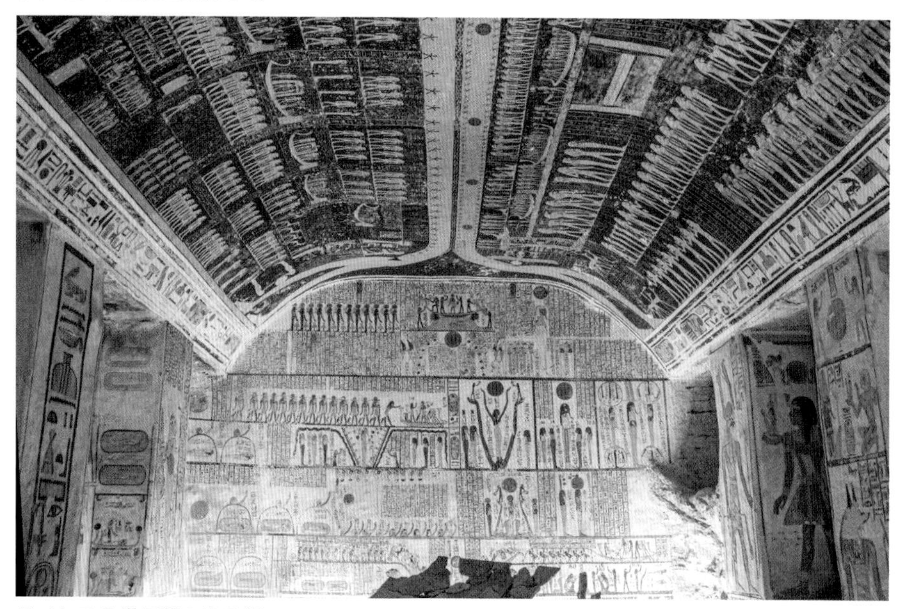

ラメセス６世王墓の第３場

ラメセス6世の印象的な墓室を飾る壁画として有名で、1844年にシャンポリオンがこのテキストについて発表しています。しかしこの葬祭文書も古代にどう呼ばれていたのかはわかっていません。研究者によって、その内容から La creation du disque solaire（太陽の創造）、Buch des Aker（アケルの書）、Buch von der Erde（大地の書）などと表記しています。

その図には、大地の深淵から大地の腕によって持ち上げられる太陽円盤、殲滅の場（地獄）で罰せられ、解体されるエジプトの敵があらわされています。これまで見てきたように、オシリス神が死者の魂バァ、太陽神の変容に中心的な役割を果たしているのはもちろんですが、太陽神が通る地平線の守護神アケル、大地の神ゲブやタァチェネンといった神も重要な役割を担っています。

大地の書もまた、夜の時間帯で分けられていません。日暮れ時の冥界への入口も、朝に太陽が再生復活する終局の場面も明らかではありません。太陽の個々の場面が断片的に配置されているだけのように見えます。太陽神の舟も一部の場面であらわされているだけです。

本書では、おそらくこのように展開しているのではないかという順で紹介しますが、確定しているものではないことをおことわりしておきます。

①

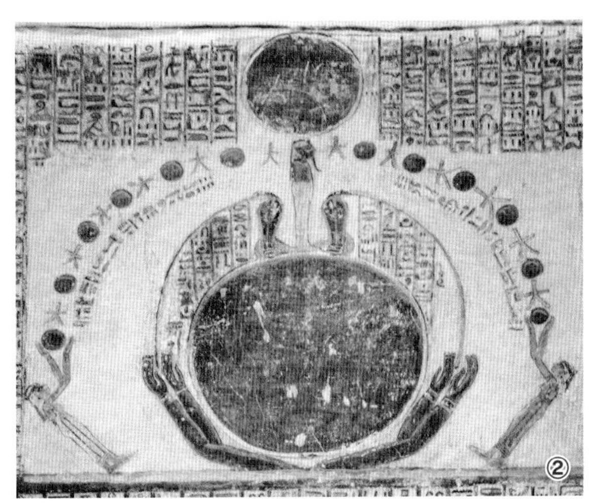
②

ー第１場ー

この右上からはじまります。この壁面の左右の端にはラメセス６世が跪いて、讃える姿勢をとっています。

①オシリスの厨子。白冠をかぶったオシリスはヘビが守護する厨子のなかにいます。オシリスの前後にはオシリスを讃える魂バァと大地の神ゲブの塚もあります。

その下では、アヌビスと「神秘的なもの」がオシリスの身体が入っている厨子に手をかざしています。これは魂、肉体の更新をあらわしたものと考えられます。

オシリスの墓の両側では、処罰の任にある神が「身体の部分」（右上）「シュウト（影）」（右中）の文字が入った大釜を持ち上げると、上から「火」（右下）の文字を持った神が火を点けます。「火」の文字の先にある斬首された敵の身体から血液が大釜に流れ込んでいるようすがあらわされています。

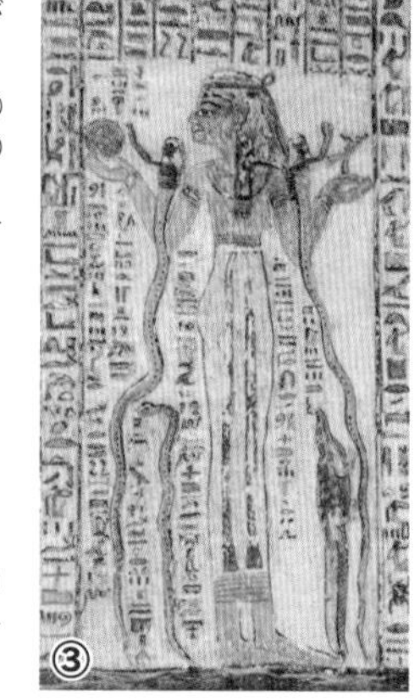

②太陽円盤の創造のイメージです。中央に太陽神ラーがミイラの姿で大きな太陽円盤の上に立っています。その両脇でウラエウス（コブラ）が守護の火を吐いています。太陽円盤は原初の水ヌンの深淵から伸びた２組の腕で支えられているのです。この周りには 12 の星（夜の 12 時間）と 12 の小さな円盤（昼の 12 時間）の輪があり、その終わりは２人の女神［左がアメネト（アマウネト）、右がアテネト］の手で握られています。

③神秘なる女神。「洞窟の書」の第５場からヌゥト女神の部分が抜き出されています。ここでは彼女は「神秘のもの」とされています。手のひらには太陽神ラーの魂バァ（羊頭の鳥）と太陽円盤を手のひらに載せています。彼女を守護するのは女性の頭の火を吐くヘビ

［大地の書の線画］Joshua Aaron Roberson “The Ancient Egyptian Books of the Earth”, 2012 より

が2匹、足元で同じく守護するヘビとワニがあらわされています。

④アケル神と太陽神の舟。これも「洞窟の書」に見られた人気のある題材です。2頭の背中合わせのスフィンクスの姿の大地の神アケルの背に太陽神の舟があらわされています。さらに2匹のウラエウス（コブラ）が補助して支えています。舟には夜の姿の羊頭の太陽神が立ち、サルとケプリ（スカラベ）が讃える姿勢をとっています。
その下の場面は、イシス（右）とネフティス（左）、王の姿の人物2人がスカラベの有翼日輪を支えています。

⑤横たわったオシリスの身体にホルス神とアトゥム神が手をかざして守護しています。そのすぐ近くに無名の神が収まった7つの塚が描かれています。

⑥ホルス神の誕生。楕円の輪［甲虫スカラベの糞玉（梨玉）＝再生復活の玉］のなかに弓なりになったオシリスの身体があり、そこからハヤブサ頭のホルス神があらわれています。このオシリスはイシス（左）とネフティス（右）によって守られています。

⑦無名の神が鳥の姿のオシリスの魂を持ち上げています。その脇では牡ヒツジ姿の太陽神ラーの随行者が羊頭のミイラの姿で塚のなかで横たわっています。

⑧原初の水ヌンの腕が太陽円盤を支えています。そして羊頭の太陽神ラー、大きな太陽円盤の上部からハトホル女神の頭とヘビがあらわれています。そのヘビの頭側をアトゥム神、尾側を「つかむ者」が握っています。太陽円盤の両側はウラエウス（コブラ）があり、それらのようすを左端の男が見守っています。太陽の再生をあらわしている場面のひとつと考えられます。

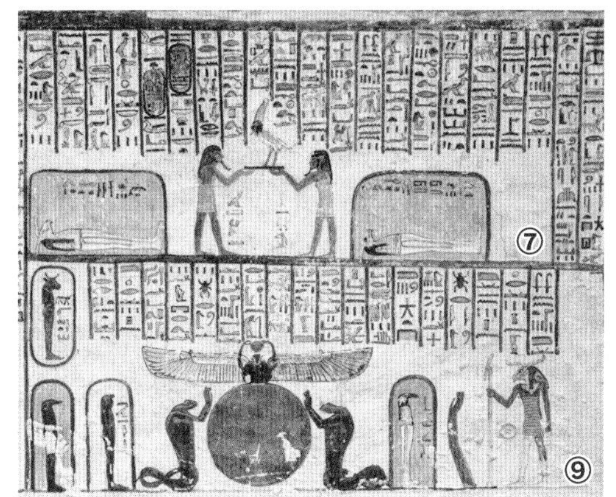

⑨ケプリ神の誕生。牡ヒツジの頭の夜の姿の太陽神が立つ前に、「大地なるもの」の讃える姿勢の腕が現れています。2匹のウラエウス（コブラ）が讃えるなか、太陽円盤から小さな太陽円盤を押したスカラベが有翼日輪の形で現れます。
まわりに、4つのミイラが入っている塚があります。

⑩塚の場面。牡ヒツジの頭の太陽神が立つ前に、塚と4つの石棺があります。塚には前かがみになった人物がいます。その人の足元は隠れて見えなくなっています。そのまわりに、人のミイラが収まった石棺が2個、頭部がネブ籠「～の主人」の文字（右）になったミイラのものが2個見られます。

⑪牡ヒツジ姿の神と火の権化。「燃えるものたち」とある頭部が炎になった人が牡ヒツジの神の灯りになり、導いています。

⑫ケプリ神の誕生。左向きのトガリネズミの神と人、右向きのトガリネズミの神とハヤブサ頭の神の棺の次に、羊頭の夜の姿の太陽神が立ち、太陽円盤から小さな太陽円盤を押したスカラベが大きな太陽円盤から現れる場面に向かっています。その周囲には、オシリス、ゲブ、シュウ、ホルス、ケプリ、イシス、ネフティス、ヌゥト、テフネトなどの神の身体が収まった棺が並んでいます。

⑬地獄に落とされる者たち。4柱の神がそれぞれ逆さまの、斬首された敵を持っています。これらは、おそらく血で染まっているようすをあらわすために赤く塗られています。この場面に続いて､4人の跪く男がそれぞれ女神に拘束されています。その頭には「火」の文字（右）があり、女神たちに焼かれ、炙られるのでした。

⑭地獄の大釜。殲滅の地獄からは大釜を持ち上げる腕が出て、敵を焼きます。大釜の下には炎を吐く首もあります。中央の大きな心臓には女神が手をかざしていますが、これも切り刻まれ、二度と復活できなくなるのです。

⑮殲滅の場の象徴。「殲滅させる者」の大きな女神の身体が収まった棺は地獄の象徴です。その上には塚の中にいる男女3人ずつの神が讃える姿勢をとっています。

⑯アアペプ（アポピス）の捕獲。羊頭の神々が冥界で太陽神の航海の邪魔をし、復活を妨げようとする大蛇アアペプを捕らえ、身体を引き延ばしたうえで首にナイフを立てています。
ヘビの下にあるオシリスは、塚の中に立っていて、その右にゲブ神、左にタァチェネン神の死体が見られます。冥界にある彼らの足元は描かれていません。

ー第２場ー

①羊頭の太陽神からはじまります。「西方の力」とある鳥の姿の魂バァが止まり木の頂点に立ち、太陽神に讃える姿勢をとっています。次に大蛇アアペプの背からケプリが現れ、そのスカラベがバァを戴いています。バァは無名です。これを創造神アトゥム、大気の神シュウが受け

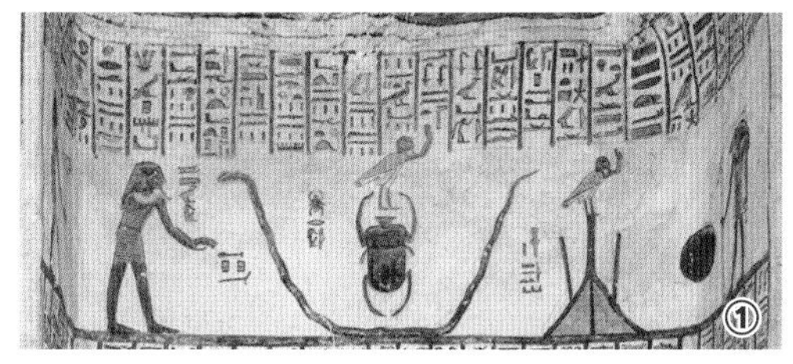

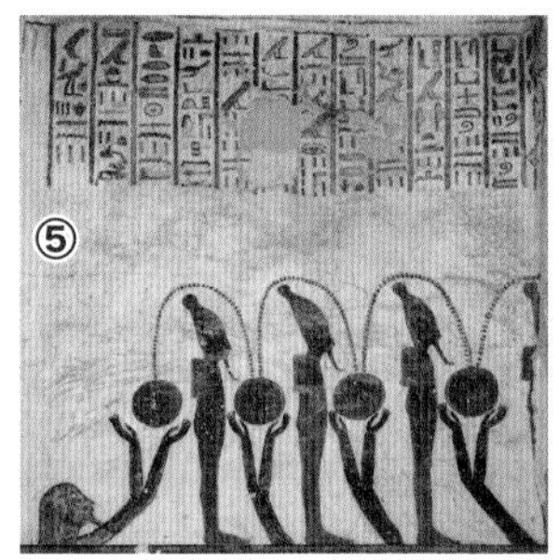

入れる姿勢をとっています。

②その下の2段目でも羊頭の太陽神が立っています。それを無名の神が讃える姿勢で迎えています。そのうしろでは、太陽円盤から「冥界のホルス」が現れようとしており、そのようすを羊頭の2神と、謎めいた現象のときに現れるヘビ頭の2神が手をかざして見守っています。

③3段目は男女の神が讃える姿勢をとっています。それに女性の頭のある杖を手にした4神がいます。杖は邪悪な者、敵を打つためのものです。

④左側に移ります。老いた姿でウアス杖にもたれかかった神は、ラメセス6世の壁画では死したアケル神とされています（ラメセス7世の墓ではケプリとオリオンのバァ）。それを人頭の鳥の姿のバァが讃えています。その両側に炎に支えられるようにしてある太陽円盤の秘所としての塚があり、そこから女神が現れ、讃える姿勢をとっています。

⑤次は、オシリスの姿の4神です。それを太陽円盤が挟むようにして描かれています。太陽円盤をつなぐのは炎で、それがオシリスを囲んでいるようにあらわされています。大地から伸びた腕、最後には「見ることのない殲滅の場」から頭部も現れ、太陽円盤を支えています。

⑥下段の右は、女神が3人の敵を跪かせて後ろ手に縛っています。

⑦左は棺で腹ばいの姿勢から上半身を起こしつつあるミイラです。「起き上がる」彼らを女神たちが手をかざして見守っています。

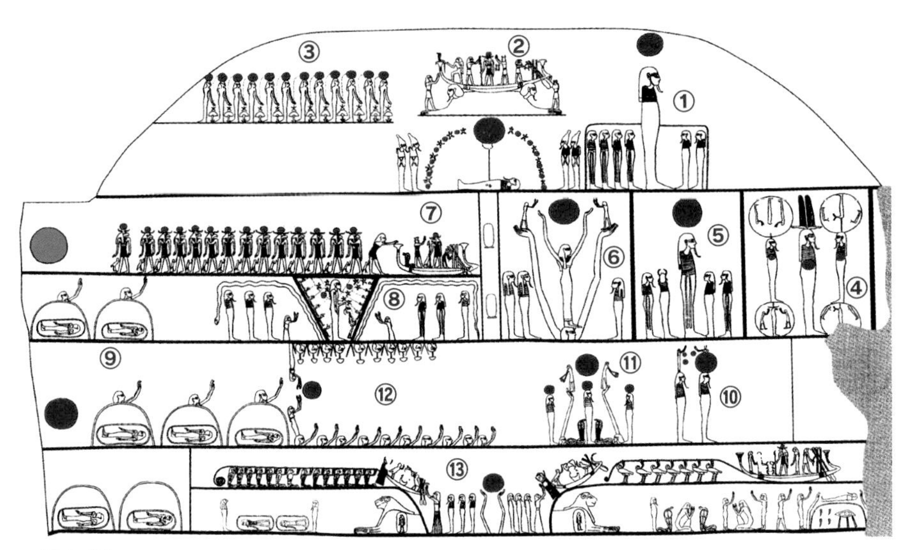

ー第３場ー

①「死体を守る人」という太陽の神から始まります。彼は「暗闇の塚」とよばれる場所のミイラに囲まれています。

②背中合わせのスフィンクス姿のアケル神が壁面の頂点にあります。胴体に「アケル」とあり、左のスフィンクスの前に「大地（アケル）から出て来る」、右のスフィンクスの前に「2つの洞窟にあるもの」と記されています。アケルの上の太陽神の舟では、アトゥム、ケプリが太陽神を讃え、ホルスが舵を握っています。あとの1人は案内人です。太陽神の舟は右のアケル（東）から現れて、左のアケル（西）へ向かっていますが、右のアケルの前には「入るもの」、左のアケルの前には「出て来るもの」と記されていて、食い違っています。
アケルの下では、ミイラの姿で横たわる太陽の復活です。太陽円盤の下からハヤブサの頭（写真では消えています）が出て、横たわる「神秘的な死体」に光があたるようすがあらわされています。12の星と12の太陽円盤に囲まれ、左に「時間のもの」「急ぐもの」の2体のオシリス、右に「心の神秘的なもの」「セティ」の2体のオシリスが立っています。

③それぞれ夜の時間をつかさどる12人の女神が描かれています。それぞれの足元に「星」「シュウト（影）」を意味する文字（右）が、頭上に太陽円盤があります。

④「西方における死体の守護者」が立っています。オシリス神と考えられていますが、明記されていません。まわりの4つの円にはいくつかのミイラが見られます。

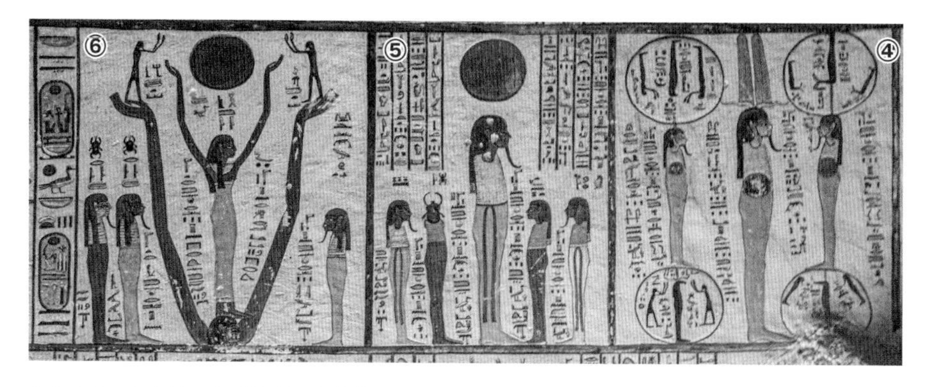

左上の円の中心はハヤブサ頭の太陽神ラーです。そのうしろに「讃える女神」、前に「したがう女神」が立っています。右上の円はトガリネズミ頭の神が3柱です。小さな神の頭部近くに前後に「逆さにするもの」「照らすもの」の記述があります。
左下の円には羊頭の太陽神ラーです。それを讃える男性2人で「卵の中にあるもの」と記されています。
右下の円の中心もトガリネズミです。「魂バァを守護するもの」とあります。その前後は「魂バァを統括するもの」とあります。

⑤ラー・オシリスと4神。右からシュウ、テフネト、ケプリ、ヌンです。

⑥太陽円盤の創造。大地の深みから頭と大きな腕が出ています。頭の上には「殲滅させるもの」という女神が立ち、太陽円盤を支えています。その両側は大きな腕の手のひらに立つ、東（左）と西（右）の女神が讃える姿勢をとっています。足元の3体のミイラは暗闇を守る者たちです。

⑦ホルス神の誕生。羊頭の夜の太陽神が乗る舟が描かれています。船尾に「係留」と書かれています。ウラエウス（コブラ）姿の女神「案内するもの」、ケプリ、鳥の姿のラー神のバァ、船尾で舵を握るのはホルス（ホルスのバァ）です。それを14の羊頭の神々、彼らのバァが左端の太陽円盤に向かって牽こうとしています。

⑧ホルス神の誕生。V字形のなかに立つ男性の神が印象的です。その形は「偉大な神」メヘン（とぐろを巻くヘビ）という太陽神を守護するヘビが形作っています。ヘビの下の6体のミイラそれぞれに「偉大なメヘン」の記述があります。とくに右の3体には「はるか昔の顔」「若い顔」「老いた顔」の付記もあります。
他の王墓では、男性の神は「時の経過を隠すもの」（46ページ）「時を消滅させるもの」と呼ばれる神をあらわしています。彼は洞窟の中に立っていて、小さな円盤をもつ12の星の女神に囲まれています。女神たちは彼に星や太陽円盤を放っています。神の男根の真下に幼児と炎の文字（右）があり、この神には「炎を誕生させるもの」ともあります。

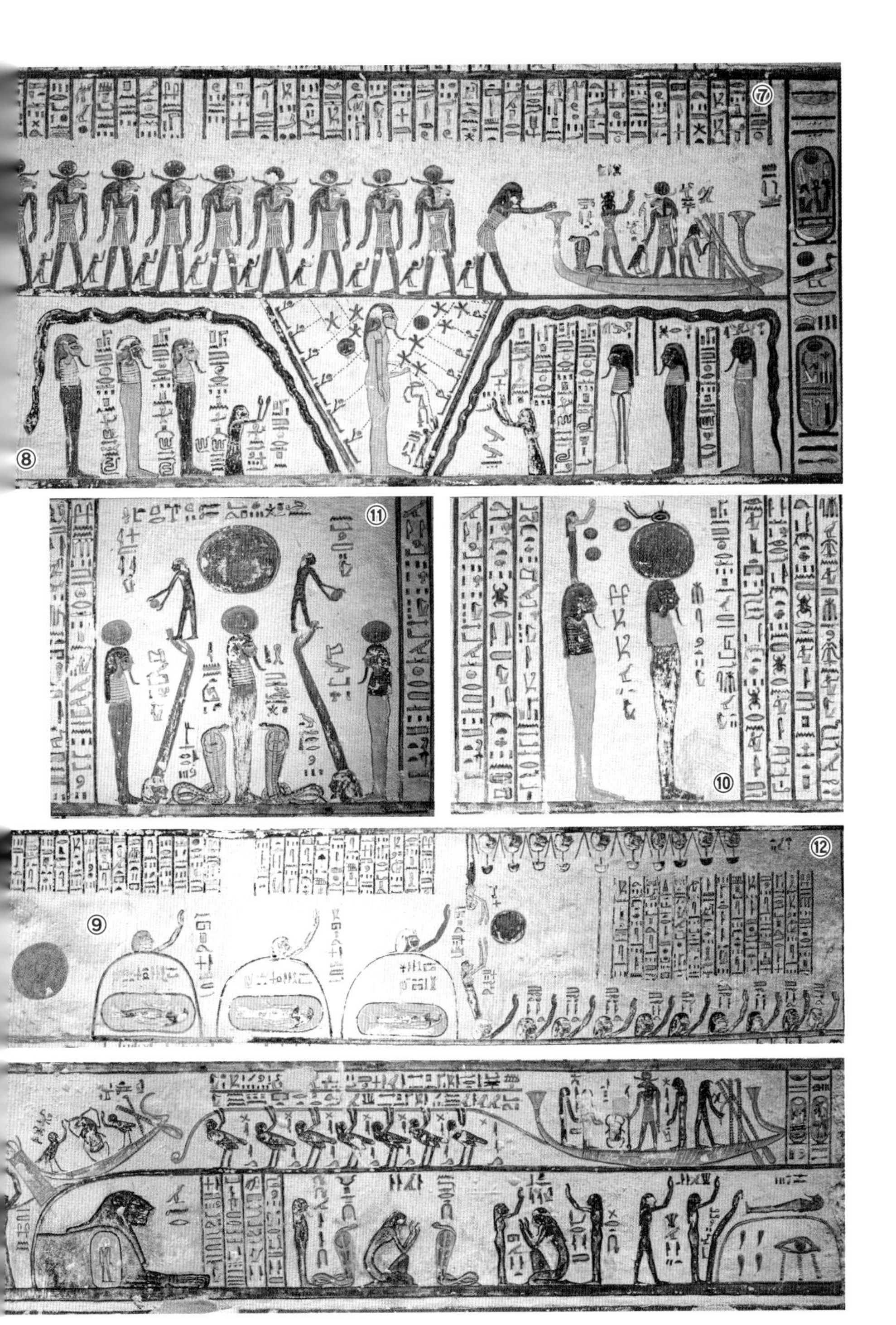
⑦
⑧
⑪
⑩
⑨
⑫

⑨3段に分かれて7つの塚があります。「吹き出すもの」とあり、下段の2つを除いて、女神が収まった塚から首と讃える姿勢の腕が出ています。

⑩タァチェネンと原初の水ヌンのミイラが立っています。タァチェネンの頭上の太陽円盤からはスカラベの頭と足が出て讃える姿勢をとっています。ヌンの頭上には女神が立ち、讃える姿勢をとっています。太陽神の創造の場面のひとつです。

⑪太陽円盤の創造。「サンダルの下の暗闇を過ぎる時」とあります。中央の太陽円盤をいただく神の前の、大地から伸びる大きな腕は「時を消滅させるもの」、うしろの腕は「頭を隠すもの」とあります。それぞれの手に太陽円盤をもつ神を支えています。ウラエウス（コブラ）も守護に加わっています。消滅する時間、あらたに誕生する時間をイメージしたものと考えれます。

⑫上下に10の頭が出ています。この間を太陽円盤が移動していくようすがあらわされています。上のほうは「シュウト（影）の場所」とあり、「影にあるもの」で影をあらわす文字（右）の頭です。下のほうは「太陽にしたがうもの」の頭と讃える腕です。通過する太陽円盤に対して、上下の場所の女神が賞讃しています。

⑬太陽が西の地平線から冥界に入り、東の地平線に現れるまでの行程を要約した表記になります。右から、審判する女神、イペト（オペト）神、ケプリ（スカラベ）、羊頭の太陽神、賞讃する女神、舵を握るホルスの乗った太陽神の舟が、7羽の鳥の姿のバァに西の地平線へと牽かれて行きます。その下では大地の神ゲブの腕が涙を流す眼と肉片をあらわす4つの文字（右）が収まった塚、その上で横になった「泣くもの」を抱いています。それを嘆き悲しむ男女があります。
次はうずくまって座るベグスィ神（悪いことの神）を「賞讃するもの」「炎において聖なるもの」が前後から讃えています。
次に「讃美するもの」や、炎、燃やすことをつかさどるウラエウス（コブラ）や神が見られます。太陽神の舟がアケルの背に近づいて行きます。舟の乗組員はアトゥムのバァとケプリのバァになり、太陽神も羊頭のスカラベに変化しています。その舟をタァチェネン神が冥界に受け入れます。原初の水ヌンを通過する間に、ヌンの腕が太陽円盤を持ち上げます。
そこを過ぎると（左側では）神々に色彩がもどってきます。太陽神の舟はヌンから押し上げられ、東の地平線に現れます。それを「導くもの」「岸辺にあるもの」のウラエウス（女性頭のコブラ）が牽きます。その下では左端に「冥界のホルス」、右端に「隠された大地のバァ」が「謎の腕のもの」（左）、「隠された腕のもの」（右）が収まった石棺を見守っています。

ー第４場ー

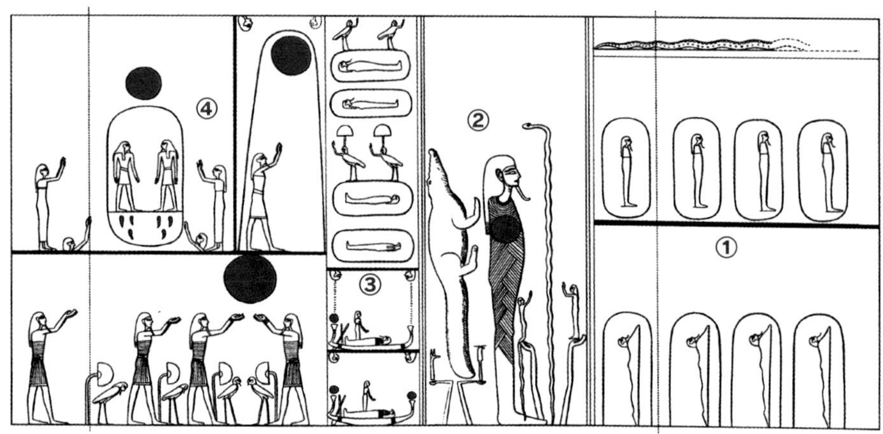

①第3場の流れにある場面のようです。壁面の上のほうで大きなヘビが守護してくれているなか、太陽神ラーの光が満ちて呼吸ができるようになったミイラと、うつ伏せから上半身を持ち上げようとしている「目覚めるもの」の姿勢のミイラがあらわされています。腐敗するような事態を太陽神が払拭することをほのめかしています。

②太陽神のミイラを守るワニ。胸に太陽円盤を入れた太陽神のミイラが立っています。ミイラよりも高く立ち上がったヘビのもとから腕が出て、讃える姿勢をとる女神を支えています。その腕とは別に人頭のヘビの神テピィも讃える姿勢をとっています。テピィとミイラのうしろのワニ、ペンウェンティも神の死体を守護するものです。ワニは「暗闇の腕」とされる腕が支えています。その手には、「アトゥムの首」と牡ヒツジの「ラーの頭」の笏があります。

③2種類のバァが2羽ずつ、テフネトとヌゥトの石棺も2つずつあります。下半分は影の文字を持ったバァが見られます。その下には、横になったオシリスと、ハヤブサ頭の「冥界のホルス」のミイラが描かれています。それぞれ、イシス女神とネフティス女神が付き添っています。

④太陽円盤とそれを讃える人物が入った大きな塚が見られます。次も2柱の神が収まった石棺で、「肉」を意味する文字（右）も見られます（3つで「複数」）。この石棺に向かって大地から現れた2つの頭と2女神が讃える姿勢をとっています。その下には太陽円盤を送る4神とバァが4羽、シュウト（日除け）の文字が4つあります。

ヌゥトの書

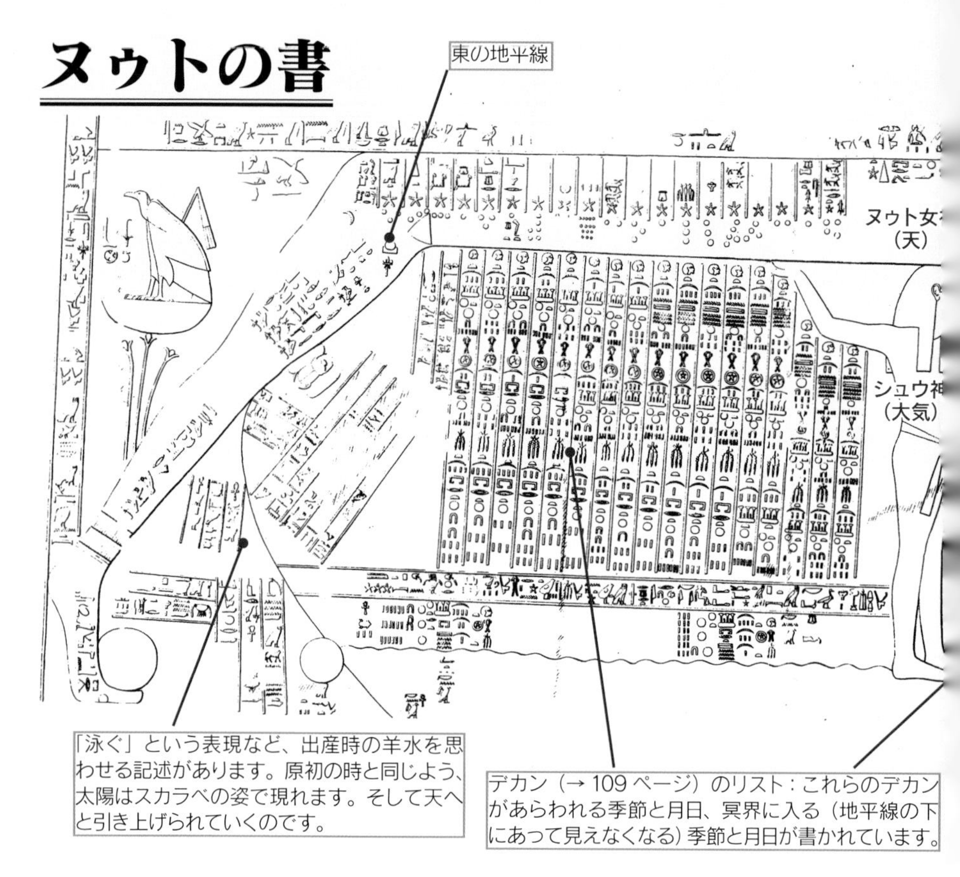

［ヌゥトの書の線画］ Frankfort, H., De Buck, A. & Gunn, B. “The Cenotaph of Seti I at Abydos”, 1933 より

アマルナ時代が終わると、とくに王家の葬祭施設では、来世について新しい考え方があらわされ、図像にされるようになりました。それが今日、エジプトの遺跡において印象的な天の女神ヌゥトです。全体的に「天の牝牛の書」の図（50 ページ）を彷彿させるもので、おそらくそれが発想の原点だったのではないでしょうか。太陽神は夜の間、天の女神ヌゥトの体内をたどるというもので、太陽が地平線に沈む（入る）ことはヌゥト女神の口から女神の体内に入ると考えられるようになりました。太陽は女神の体内を移動したのち、翌朝、生み出されるというのです。

上図はアビュドスのセティ 1 世葬祭殿の付属の施設として設けられたオシレイオンの空墓（セノタフ）の埋葬室の天井に浮き彫りでほどこされた「ヌゥ

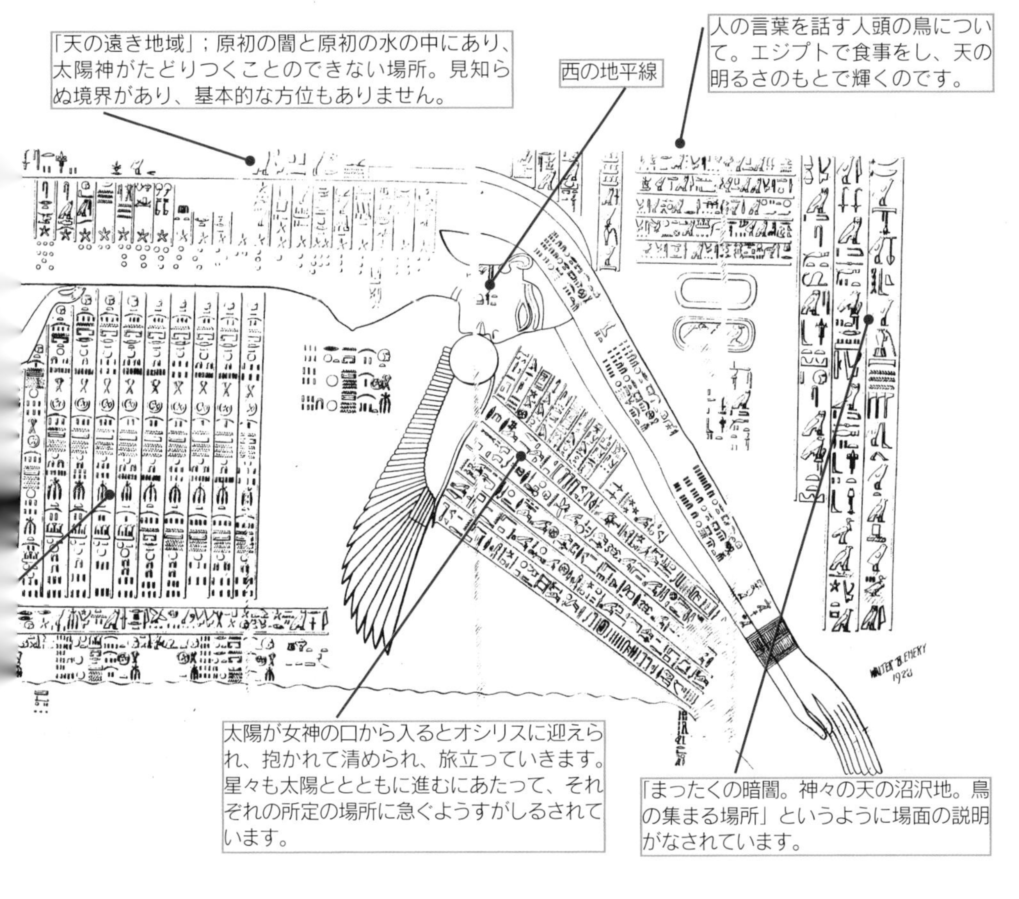

トの書」です。このあと、ルクソールの王家の谷のラメセス4世王墓の壁画にもあらわされていますが、こちらのほうは、文章の一部が省略されています。

興味深いのは、この図のそばに記された文章で、ここには描かれていない大地の神ゲブ（前編18ページ）が、ヌゥト女神に対して「自分が生んだ子である星々を次から次へと食べるのはどうしたことだ」と非難するくだりがあることです。この口論を聞いた大気の神シュウがヌゥトの身体を支えながら、「食べられた子は死ん

オシレイオン
新王国時代第19王朝、前1290年ごろ
[アビュドス]

セティ１世王墓の南天の星座、北天の星座

［左］ 北天の星座
中央のウシと横になった人物で、今日の北斗七星をあらわしています。古代エジプト人はこれを「メセケティウ」とよび、ウシのもも肉（前編 63 ページ）、王位更新祭の聖具である手斧（前編 40 ページ）に見立てることがありました。　**セティ１世王墓**

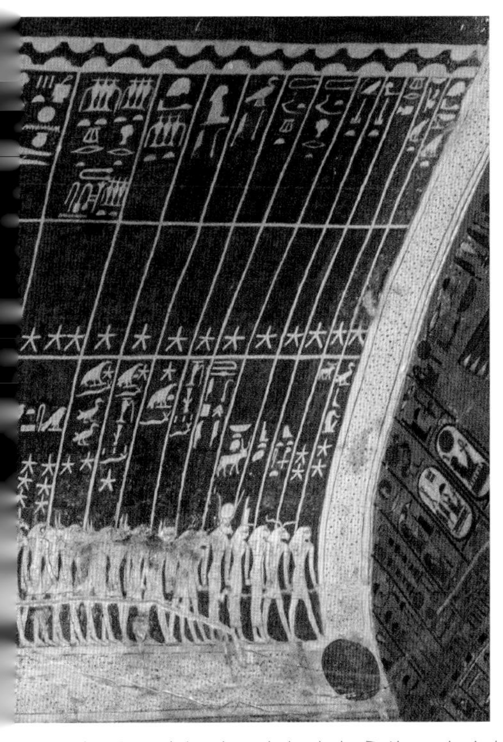

[上] 南天のデカン
右下、太陽が沙漠に沈むと、空には星が見えてきます。古代エジプトの人びとは、黄道の星々を36のグループ（デカン）に分け、それぞれに名前をつけていました。この図は、ナイルの増水季のはじまり（新年）の夜空をあらわしていると考えられます。
ナイルの増水は、今の暦で7月終わりごろ、日の出前の東の空にシリウス（星空のなかでもっとも明るい星）が見られるようになる時期です。この図はサフ（オリオン座の3つ星）が昇ると、間もなくセペデト（シリウス）が昇ってくる（前編63ページ）ようすが、左端のほうに描かれています。シリウスはナイルの増水にかかわるイシス女神の姿であらわされています。ちなみに、シリウスのうしろにもデカンがいくつか記されていますが、これらはシリウスに続く星々があることを示したものと思われます。
ちなみにサフの2つ右の星の輪はプレアデス星団（昴）をあらわしているようです。

前ページの「ヌゥトの書」で、夜の間の黄道を太陽とともにヌゥトの体内を進むのは、こうして古代の人びとが考えた南天の星の集団（デカン）でした。

だわけではなく、また東から生み出されるのだから口論すべきではない」と応えるのです。「口に入る＝食べる」という人びとが抱きがちな疑問を、神の口を借りて解決しようとしたようです。

そして星は、一定の期間（およそ70日）、昼間の空にあって夜には見られなくなります。そのあとはまた、夜空に見られるようになるのですが、この天文現象も「食べて見えなくなる」とされたのです。ちなみにシリウスは、地域によって差はありますが、現在も5月20日ごろから夜空に見られなくなり、7月30日ごろ、日の出の直前に東の空に見られるようになります。

こうして、ある星や星座が日の出直前に東の地平線から昇る現象のことをヒライアカル・ライジング heliacal rising といいます。シリウスの場合は、この現象が見られるようになるとナイルの増水がはじまることから、エジプトでは、農作業を終えた耕地の地力が回復する季節のはじまり、新年のはじまりとして、人びとの関心も高かったのです。

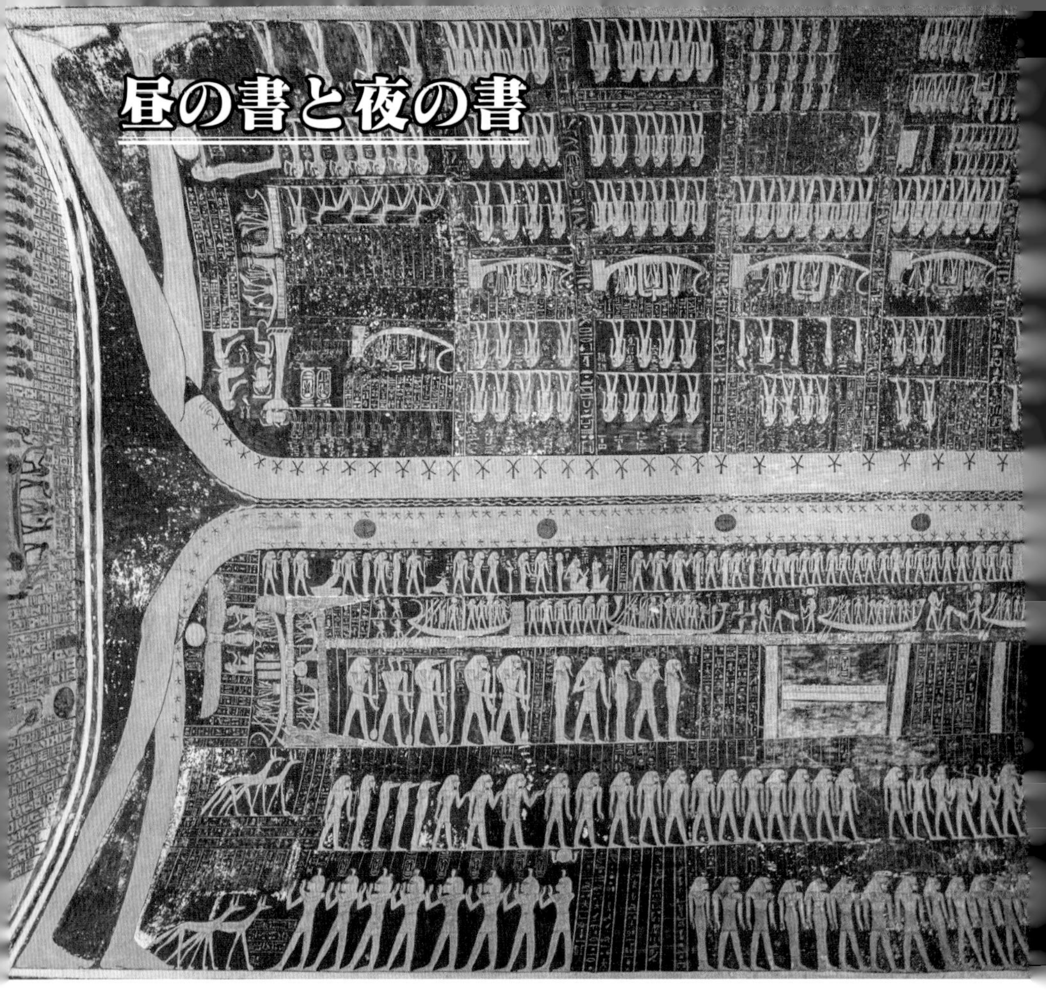

ラメセス4世王墓のあと、王家の谷では、ラメセス6世王墓で「昼の書、夜の書」という形でヌゥト2体が背中合わせであらわされるようになりました。この文書の名称も古代名はわかっていません。また「昼の書」と「夜の書」はそれぞれ単独のものかも知れませんし、2つが合わさった形で完全版になっているのかもわかりません。

昼の書では、朝、太陽は東でヌゥト女神に生み出されると、女神の身体に沿ってある天の水域を舟に乗って航海し、夕方、女神に飲み込まれて体内に入るのです。

内容は、アム・ドゥアトなどのように、太陽神だけでなく、ほかの神々や随行者を乗せた太陽神の舟が12時間の行程をたどります。昼間の太陽のよ

「昼の書」（下）と「夜の書」（上）
ラメセス６世王墓の埋葬室の天井です。かまぼこ形の天井の壁画であるため、カメラレンズで上下左右の端の部分は歪んでいます。この写真で、上半分が「夜の書」、下が「昼の書」です。

うすなので、舟に乗る太陽神の頭部は牡ヒツジではなく、ハヤブサ頭の姿です。登場する者たちのほとんどがヌゥトの頭部、進行方向の西を向いています。図とともに記されているヒエログリフの文章の多くは、その場に登場する神々の名前で、状況説明は短く記されています。

神の体内を通る太陽神の舟は、アム・ドゥアトにあったような邪悪な敵からは完全に守られることになったという印象がありますが、太陽神の舟の航行中には大蛇アアペプなどの危険があるとの考えや、楽園イアル（アアル）野はそのまま採り入れられ、記されています。

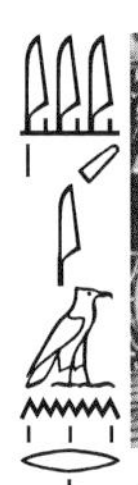

「昼の書」中央にセケト・イアル（アアル）と記されています。穀物が実る豊かな土地で神々と平穏に暮らすようすをあらわしています。

「昼の書」パドルを持った神々の間にアアペプの姿があらわされています。冒頭のヒエログリフは、これらの神がアアペプを退治する者たちであるとの説明しています。アアペプの文字そのものにナイフが刺されています。

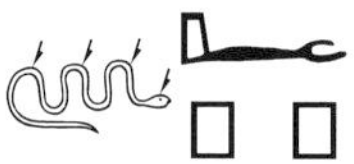

「夜の書」左から2時間目～7時間目にかけての地獄のようすです。ベッドに横たわったミイラ、首を切り落とされたもの、後ろ手に縛られた敵など、地獄に落とされたさまざまな死者が描かれています。ここから慈悲を受けた者は9時間目以降で救われた姿であらわされています。

[上] 昼の舟（マアネジェト）と航海を邪魔するヘビの背骨を断ち切る神々。ハヤブサ頭のラー神が乗る舟には多くの神々が随行しています。
[右] 夜の舟（メセケテト）にはスィアとフゥ、メヘンに守られた船室に羊頭の太陽神ラーとマアト女神があります。舳先に子どもが座ります。

夜の書は、昼の書と異なり、銘帯で縦に11に分割されています。銘帯の冒頭には右のようにセベケト（入口または門）とあり、羊頭の太陽神がそれぞれの時間の入口、門、空間を通過し、進んで行くものと考えられていたことがうかがえます。

最古のものはセティ1世の時代のもののようですが9時間目までで終わっていたり、ほかのものも一部の時間を抜粋したものだったり、現存する完全なものはラメセス6世王墓の埋葬室のものだけです。

ヌゥト女神の頭部、2本の腕の間が1時間目（昼と夜の間の裂け目、原初の暗闇）の門で、そこからはじまり、足が夜の終わりです。それぞれの時間の

右から2つ目は6時間目下段の地獄のようすです。門の書にもあるもので、ホルス神が敵対する異民族（アジア人、リビア人、ベドウィン、ヌビア人）の番をしています。

玉座に座るオシリス。息子のホルスとオシリスに近しい神々が挨拶に出向いています。玉座の下には後ろ手に縛られた敵が横たわっています。決して許されることのない者たちの象徴です。

導入部に短い説明があるだけです。各時間は5～7段に分けられているように見えますが、大きくその内容は3段、つまり中央の太陽神の舟とそれを牽いて先導する「疲れを知らない者たち」の段を挟んで上下に分けられています。太陽神の舟を牽く「疲れを知らない者たち」は、南天にあって、地平線に沈んでもまたあらわれる星々のことです。

舟では、太陽神は何重にもとぐろを巻いた大蛇メヘンに囲まれて守られ、さらに別の大蛇が祠堂の中にいる彼を守っています。アム・ドゥアトと同じく、随行する乗組員は、神の代弁者として船首にスィア、船尾にフゥが立ち、ここにマアト女神が乗り込んでいます。

上段は、単独の神、4神（方角）、上エジプトや下エジプトを代表する神々などさまざまな神の集団が描かれています。下段は亡くなった人々のさまざまな在り方についてのもので、慈悲を与えられたもの、永久に地獄に落とされたものたちが描かれていますが、アム・ドゥアトや門の書のように敵を焼却するなどの細かな描写はありません。

途中、オシリス神の時間で死者たちははっきりと分けられ、その先、普通に立っている人たちは慈悲を与えられて再生に向かう人びとで、地獄に墜ちることが決まった人びとは描かれなくなるのです。

［左］「夜の書」12 時間目には空が白んできたのでしょうか。最後のセベケトを通過した太陽神の夜の舟とそれを牽く神々からは色がなくなっています。12 時間目に向かっては、あらたに 4 匹のヤマイヌ（西のバァ）が牽引に加わっています。ヌゥト女神から生み出される準備に入った太陽神は黄金色に輝くスカラベに姿を変え、高台の上にあらわれています。高台の脇のスカラベと幼児で、ヒエログリフとしては幼い太陽神の意味になります。スカラベの文字そのものが「変容」の意味があります。足元では、オシリス復活の守護神であるイシスとネフティスが太陽円盤を下の夜の舟（メセケテト）から上の昼の舟（マアネジェト）に移し替えようとしています。

「昼の書」1 時間目のはじまりです。太陽円盤を抱えた妊娠した女性があり、その両脇でイシスとネフティスが守護しています。この図では見られませんが、右の習作にあるように太陽円盤には幼児の姿が描かれます。
その上で羽を広げたスカラベが太陽を天に持ち上げようとしています。下の太陽神の舟は随行者（シェメス）を乗せ、出航の準備ができています。
ヒエログリフの文書を要約すると「1 時間目に神（ラー）があらわれる。その美しさが女神（ヌゥト）を満足させる。地平線の住人たちの地（世界）からあらわれる。人、家畜、ミミズ、虫などすべての命あるものを導くもの……昇れ、昇れ、ラーよ。あなたは完全に変容した」とあります。

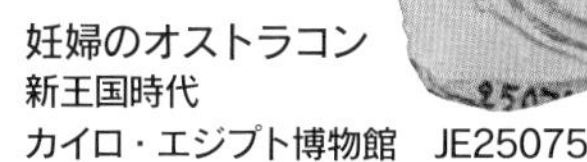

妊婦のオストラコン
新王国時代
カイロ・エジプト博物館　JE25075

生けし２国の王、２国の主人（ネブ マアト ラー）、太陽神ラーの息子、王冠の主人（ラァメセスウ ネチェル ヘカァ イウヌウ）、彼は穏やかなラー神を賞讃します。
彼はラー神を船員たちとともに穏やかに航海できるようにします。

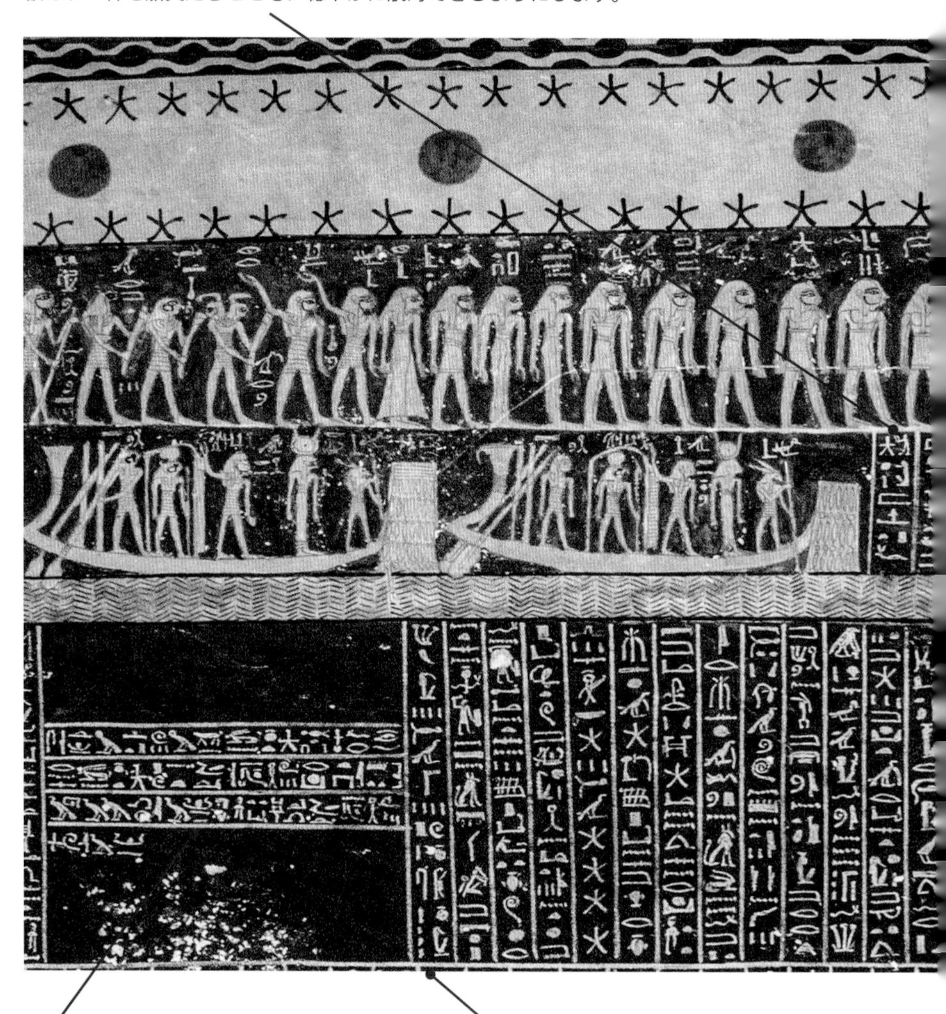

「美しい景観」という名の１１時間目、平穏な航海です。舟が西の山に降りようとして、西の地平線に向けて綱が伸ばされます。舟にあって、綱を伸ばすその前に彼女（ヌゥト）が上がってきます。

随行者のなかの北天の精霊、４柱の神は、この偉大な時に、天において死を招く嵐を撃破します。彼らこそ太陽の聖船の前の綱を持ち、後ろの綱を操縦する者、船員たちは不滅の星々、周極星です。４柱の神々は北斗七星（メセケティウ）の４神です。
[次ページへ]

地平線の沙漠

彼らは天の中心、サフ（オリオンの３つ星）の南側で輝き、その後、西の地平線へ戻ります。北天にあるセト神の北斗七星は、フリント製の２本の杭に黄金の鎖でつながれています。それはカバ姿のイシスに託されています。神々の水は地平線の神々とともに星々に満ちています。ラー神は彼らを、イシス女神とともにあるその後列に置きます。そして言うことには「神々の水のために南天を侵すことのないように。アンジェティ（ブシリス）州の主人であるサフのうしろにあるものの息子としてあらわれないように」。ベンティウが彼らの名前です。彼らはエジプトの北の遠い支配地のペブというところにあります。町の名はケフェティウ（クレタ島）です。彼らは北の大きな海（地中海）の天の領域にあらわれます。北の地平線は彼らの国です。

夜の書（俯瞰？図）

ラメセス6世王墓の埋葬室への通廊の天井に描かれている壁画です。110ページのヌゥト女神のもとでの夜の太陽神の航行とは別の表現と考えられています。

上の3段に右から左に向かう行列があらわされています。2段目の太陽神の舟には羊頭のラー神が乗っています。つまり西から東へ、夜の太陽神の舟が牽かれているのです。左の先頭には4頭のヤマイヌ（西のバァ）が舟を牽

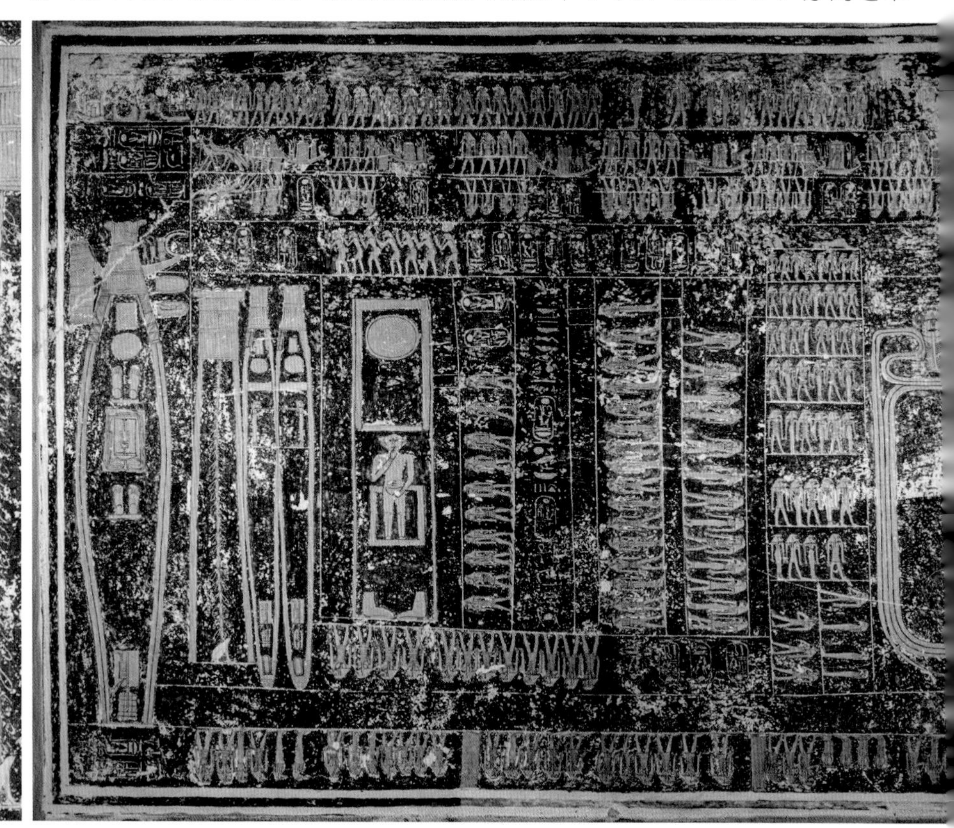

左端が太陽神の舟を上から描いたもので、全体が展開図のようになっています。四角い船室はメヘンに守られています。船室の上が船首側に立つスィア、下が船尾側に立つフゥの足で、胴体などは描かれていません。船首と船尾には「随行者」を意味するシェメスの文字（右）が（船尾では逆さまに）描かれています。船首部分には、舟の形を正確に伝えるための表現手法で、横から見た形の舟が重ねて描かれています。船尾は切られた状態で描かれています。
その右は船首だけが描かれた舟で、神々が牽く綱（左写真）には、持ち手の輪、先には誕生にかかわるカエル（ヘケト神）が見られます。次、右にあるひと回り小さな2艘の舟はイシスとネフティ

く列に加わっているのが見られますが、ここから太陽神がスカラベに変容するようすは描かれていません。その代わりに大きな太陽神の舟の平面図が描かれています。ヌゥト女神の位置から見下ろしているイメージでしょうか。

最下段の神々の列は、左から右へ、つまり東から西へ向かっています。ここに太陽神の舟はありませんが、生まれ出た太陽神の昼のようすをあらわしているようです。西に近づくとウラエウス（コブラ）が列に加わるようすもありますが、これは「昼の書」にも見られます。

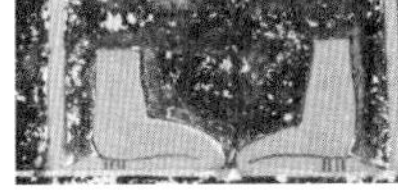

スのものです。さらに右の、指しゃぶりをする幼児は、生まれ出た太陽神であることは115ページにも見られます。そこでもイシスとネフティスが守護しているように、ここでは女神たちの下半身だけ（右）でその存在があらわされています。中央の楕円状のメヘンは、太陽神ラーが誕生する左側の世界を守護しています。メヘンよりも右側は夜の時間に入ったところで、ミイラの棺台が並ぶ死者の世界です。ただし死者たちは、立ち上がったりして、ラー神の通過で慈悲を受け、復活を予感させるようすであらわされていると考えられています。

ラメセス6世墓、通廊の天井の図

最後にラメセス6世王墓の埋葬室への通廊の天井に描かれている壁画を紹介しましょう。

ラメセス6世王墓には、入口から埋葬室に向かって「門の書」「アム･ドゥアト」「洞窟の書」「大地の書」と、冥界のイメージがさまざまにあらわされています。そして、これらの間をつなぐ通廊の天井にも「昼の書」「夜の書」が描かれ、さらにそれらのイメージから派生したのでないかと想われる図がいくつかあります。ただしそれらの図では暗号のように意味不明のヒエログリフが添えられていたりして、何を何のために描いたのかわかっていません。研究者によって意見の分かれるところです。

ここでも見たままのことしか説明できません。どうぞ読者の皆さまがそれぞれに想いをめぐらせてみてください。

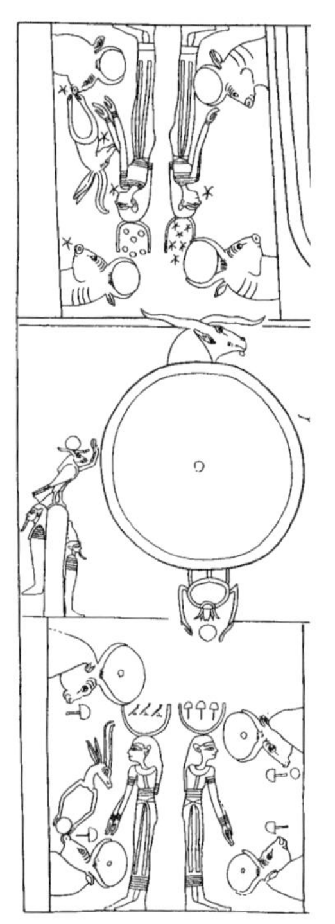

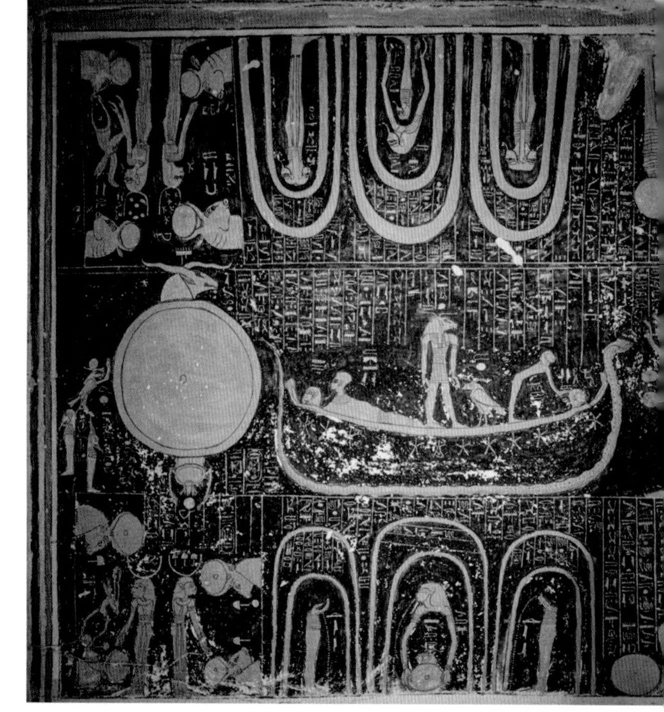

3段に分かれています。1段目と3段目の左端にはそれぞれ女神が2人立っています。3段目の女神たちの頭の上には鳥の姿のバァ（右上）とシュウト（影）の文字が入った釜があります。その2神は、角の間に太陽円盤をいただいた牡ウシの頭によって、四方から囲まれています。もうひとつ、女神の左側には、レイヨウの頭部があり、それから太陽円盤を持つ人の手が伸びています。

1段目のほうの女神の頭上の釜には、星と円盤が6個ずつ入っていて、レイヨウの頭部は女神の右側にあります。

その右側では、上下に3つずつの二重の礼拝堂があります。1段目の礼拝堂は左右2つに、双頭の神が立ち、中央はミイラとそれを守護する2本の腕と半身が描かれています。3段目の礼拝堂では、左右に、頭部が人の手になっている神が立っています。中央では、ハヤブサの頭が出た太陽円盤をもつ2本の腕と半身です。

さらに右側です。1段目は頭部が太陽円盤の9神、3段目は膝前に太陽円盤を置き、頭上に星をいただく8神がならんでいます。

印象的な中央の段を左から見ていきましょう。中央に大きな太陽円盤があり、そこから夜の太陽神である牡ヒツジ、夜明けの太陽神であるスカラベがあらわれています。その左側では2体のミイラが埋葬された塚の上にとまる羊頭の鳥が賞讃、崇拝の姿勢をとっています。

その右側には、ヘビ、細長い人の身体でできた舟があります。甲板にはうつ伏せで頭を持ち上げたオシリス、羊頭の神、羊頭の鳥、前かがみの女性が乗っています。

舟の前には太陽円盤の頭の7人が賞讃、崇拝の姿勢で進んで来ています。

そのうしろでは、2柱ずつ向かい合った神が描かれています。その間には人の頭部がついた太陽円盤があり、その下に女性が横たわっています。左は下向きで、右は上向きです。2人はこの女性に手をかざしているようです。この天井のヒエログリフの文章は、多くが意味不明です。

アケト　イアベテト
東の地平線

アケト　アメンテト
西の地平線

2段に分かれています。上は有翼日輪のもと、中央に王名の銘帯とセマア・タァウイ（上下エジプト統一の象徴）が描かれ、画面が左右対称に分けられています。右がセマア「統一」を意味する文字です。
有翼日輪の左端には「東の地平線」とヒエログリフで書かれています。そこから王とラー、小さなマアト女神が昼の舟に乗っています。左端はラー神に随行する北天の者たちです。
右側は、端に「西の地平線」とあります。ラー神に代わってアトゥム神が同乗し西から東に向かいます。随行者は南天の者たちです。
下段は、ホルスが守護する棺台で、オシリスがうつ伏せの状態から身体を起こそうとしているところです。オシリスの背の上にあるのは2つの木片を合わせたもので、レス（目覚める）という意味があります。棺台の下には武器、王の象徴物が置かれています。

上段は、中央に三日月と（おそらく）満月を組み合わせた時間、記録をつかさどるジェフティ（トト）神のシンボルが描かれています。それに向かって左右から2神（四方）が、ジェド（安定）とイブ（心臓、心）のヒエログリフを組み合わせたものをもっています。

ジェド　安定

イブ　心臓

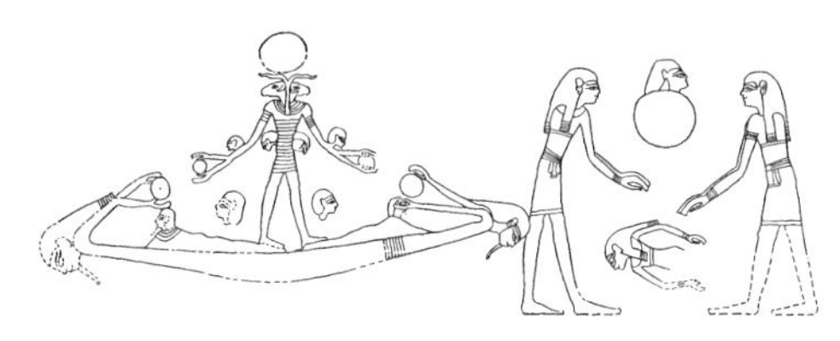

下段の舟は、船尾、船首が太陽をもつ人の頭部で、オシリスがうつ伏せになり、2面の羊頭の太陽神が立っています。神の腕は太陽を持つ人、腰からはハヤブサ（ホルス）の頭が出ています。
右の2神の間の太陽円盤には人の頭が出ており、下には横たわる人物があります。

下の壁面の上部には天（ペト）の文字（右上）、下は東西が山になった沙漠の文字（右下）があります。中央の太陽円盤からは火を吐く4匹のヘビがあらわれ、それぞれの頭の先に闇の敵が描かれています。上の小さな円盤からはワニ、下の円盤からはヘビがあらわれようとしています。左右にスカラベもいます。右側は、足先がヘビの、擬人化された昇る太陽、左はおそらく足先がコブラの、闇だったのでしょう。文章は解読不可能な暗号文になっています。

索　引（黒：前編、青：後編）

［著　者］ **松本　弥**（まつもと　わたる）
福井県敦賀市出身、早稲田大学卒、専門は古代エジプト史
日本オリエント学会正会員、大阪大学民族藝術学会正会員
ＮＨＫ文化センター青山教室（2004年以来)、郵船クルーズ「飛鳥II」世界一周クルーズ（2005～2011, 2015）
などの講義、講演を通してエジプトの歴史・文化の紹介に努める。

著書に
『**増補新版** 古代エジプトの神々』『Let's Try! ヒエログリフ』『黄金の国から来たファラオ』『古代エジプトのファラオ』
『写真は伝え、切手が物語るエジプト』『ヒエログリフ文字手帳ー自然風土のめぐみ編 / 人びとの暮らし・生活編』など。

テレビでは
2009年にはエジプト南西端のサハラの遺跡について
「サハラ沙漠　謎の岩絵～エジプト文明の起源に迫る～」(2009.NHKスペシャル)
「ひとはなぜ絵を描くのか」(2010.ETV特集)

2010～2011年にはスーダン北部の遺跡について
「異端の王・ブラックファラオ」(2011.NHKハイビジョン特集)
「異端の王～悠久の古代文明紀行～」(2012.NHK総合特番)

「世界遺産　メロエ」(2017.2.19 TBS)

図説 古代エジプト誌
神々と旅する冥界 来世へ
《後編》

2021年4月14日　第1刷発行

著　者●松本　弥
発行者●株式会社　弥呂久
　　　　代表者　松本恵津子
本　社●〒914-0058　福井県敦賀市三島1丁目16-9-6
営業所●〒162-0801　東京都新宿区山吹町315
　　　　TEL　03-3268-3536（編集・営業）
　　　　FAX　03-3268-3518
　　　　E-mail：yarokubooks@viola.ocn.ne.jp
ﾎｰﾑﾍﾟｰｼﾞ● http://yarokubooks.jimdo.com
振　替●00100-0-566038
印　刷●株式会社スマート グラフィックス

ISBN4-946482-37-3　C0322　Printed in Japan

古代エジプト王朝表

年代	時代区分	王朝区分	首都	主なファラオ	主な歴史上の事がら
紀元前 3000	初期王朝時代	1	メンフィス	**ナルメル** アハ ジェル ジェト デン	紀元前3000年頃　上エジプト出身のナルメルがエジプト全土を統一 この頃、ヒエログリフの文字体系が確立する この頃、1年365日の暦ができる 「上下エジプト王」の称号が用いられる この頃、ヘリオポリスの太陽信仰がさかんになる
		2		ペルイブセン カァセケム カァセケムイ	この頃、ホルス神派とセト神派の覇権争いがおこる この頃、ホルス神派とセト神派が、ホルス神派が王を継承することで和解する
2650	古王国時代	3		**ジェセル** セケムケト フニ	2620年頃　サッカラに階段ピラミッドを造営する 階段ピラミッドを計画するが未完成に終わる メイドゥムに真正ピラミッドを計画、着工する
2610		4		**スネフェル** **クフ** **カァフラー** **メンカァウラー** シェプセフカァフ	2600年頃　神王として絶対的な王権が確立する 2550年頃　ギザに大ピラミッドを造営する ギザに第2ピラミッド、スフィンクスを造営 ギザに第3ピラミッドを造営。王権が弱体化 王墓はサッカラにマスタバを造営する
2490		5		ウセルカァフ サァフラー ネフェルイルカァラー ニウセルラー **ウナス**	2490年頃　王の称号に「太陽神ラーの息子」が用いられる アブシールにピラミッドを造営する 2400年頃　はじめて「ピラミッド・テキスト」が刻まれる
2310		6		テティ ペピ1世 メリィエンラー ペピ2世	2300年頃　シナイ半島などで積極的に鉱山を開発する 2270年頃　長期政権で、晩年には中央集権国家にかげりがみえ ようになる
2180	第一中間期	7/8/9		短い治世の王が数多く続く	
		10（下エジプト）	ヘラクレオポリス		2100年頃　ヘラクレオポリス（第10王朝）とルクソール（第1 王朝）が共存する
2040	中王国時代	11	ルクソール	**メンチュヘテプ2世** メンチュヘテプ3世	2040年頃　第10王朝を滅ぼし、全国を統一する 2000年頃　紅海南西部沿岸あたりのプントへ遠征隊を派遣する
1990		12	イティ・タァウイ	**アメンエムハト1世** **センウセレト1世** **アメンエムハト2世** **センウセレト2世** **センウセレト3世** **アメンエムハト3世** **アメンエムハト4世**	1990年頃　クーデターによって第12王朝をおこす 1950年頃　ナイル川第3急湍まで遠征する 1850年頃　ヌビア、パレスチナに軍事遠征をおこなう 1800年頃　ファイユーム干拓事業が終わる
1785	第二中間期	13・14		短い治世の王が約70人続く	1790年頃　後継者が絶え、中王国時代が終わる
1650		15・16（下エジプト） 17（上エジプト）	1715 アバリス ルクソール	**⑮キアン** **⑮アペピ** **⑰セケンエンラー2世** **⑰カァメス**	1720年頃　アジアからヒクソスが侵入する 1700年頃　ヒクソスが下エジプトを支配し、王朝を起こす 1650年頃　ルクソールに第17王朝がおこり、ヒクソスに対抗 1580年頃　セケンエンラー2世、カァメスがヒクソスと戦う
1565	新王国時代	18	ルクソール	**イアフメス(アハメス)** **アメンヘテプ1世** **トトメス1世**	1565年頃　ヒクソスをエジプトから追放。第18王朝がはじまる 国内の安定をはかる 1520年頃　ユーフラテス川上流にまで軍事遠征をおこなう